親子で知りたい

小学校最強ライフハック70

坂本良晶
Sakamoto Yoshiaki

KADOKAWA

はじめに

本書を手に取っていただきまして、ありがとうございます。私は、公立小学校で教員をしている坂本良晶という者です。小学3年生と保育園年長の娘がいるので、みなさんと同じ保護者でもあります。以前から、保護者のみなさんと私たちとの間に〝学校教育に関する認識のズレ〟があると感じていたことが、このたび筆をとったきっかけです。教師の持つ知識や学校の仕組みを保護者の方々に共有することでギャップを埋め、学校と家庭の二人三脚で、ともによりよい子育てをしていければと思うのです。

実はちょっと変わったキャリアを持っていまして、23〜25歳のころは某寿司チェーン店で店長をしておりました。全国店舗の中で売上1位を記録するなど成果をあげてはいたのですが、ふと「店長と学校の先生って、人を育てるという意味で同じような仕事なのではないか」と転職を考えるように。チャレンジのために退職し、通信制大学に通って教員免許を取得後、教員採用試験に合格。それから12年が経ちました。

教師になって8年目のころだったでしょうか、「学校教師の働き方はブラックだ」という問題が浮上し始めました。私はツイッターで「さる@小学校教師」というアカウントをつくり、働き方に関するアイデアを発信するようになりました。いつの間にかフォロワー数が増えて『さる先生の「全部やろうはバカやろう」』（学陽書房）という本を出版し、おかげさまでとても好評でした。

最近では、発信する内容を「教師の働き方」から「タブレットを使った教育実践」へとシフトしています。「マイクロソフト認定教育イノベーター」という立場からも日本中の教員へ向けて情報を発信しています。新聞やテレビで取り上げていただくこともあり、少しずつ日本の学校にタブレットやパソコンを使った有効な教育実践が広まってきたかなあと感じています。

今、とくに注目しているのは、学校に対して悶々とした思いを持った保護者の方々と子どもたちのことです。あちらこちらから、「だから学校はダメなんだ」という声が聞こえてきますし、実際のところそう言われても仕方がないと思います。この本の中でも散々述べるところなのですが、公立の学校の制度や教育の方法などが明治時代からあまり変革できていないのは確かです。

ただ、そんな学校の課題をクリアするために、さまざまな変革の産声がほうぼうで上がっていることも、また事実です。

さて、この本では子どもが小学校でスムーズに生活できるよう、保護者のみなさんに「知っておいてほしいこと」「やっていただきたいこと」をお伝えします（高学年のお子さんなら一緒に読んでいただくのもおすすめです）。学校と家庭での認識のズレや情報のギャップにより、子どもが困るようなことだけは避けたいという思いです。

そして教師と保護者がいがみ合うようなこともまた、避けるべき事態です。この本で得る知識が、転ばぬ先の杖となりますように。

年代別の注目ポイント

本書にどのようなことが書かれているか、年代別に少しガイドさせていただきます。

①小学校入学前の子どもの保護者の方へ

小学校の教育とはどんなものなのか、就学前にどのようなことができていればよいか、そしてどうすればそれができるようになるかを書きました。生活に根付いた形での学ぶ方法について提案しています。

②小学校前半の1～3年生の保護者の方へ

小学校の前半3年間は、学習の基礎基本を習得する大切な時期です。ＡＩの登場などにより学力観は変わりつつありますが、ここで得る基礎は社会の変化がどうあれ絶対的に大切なものです。そのためにできることや考え方について書きました。

③小学校後半の4〜6年生の保護者の方へ

思春期の入口にさしかかり、反抗期が始まる子もいます。目の届かない範囲で自分の生活を送るようになり、知らぬ間にトラブルに巻き込まれていたり……勉強もぐっと難しくなって、心配事が増える時期です。学校で起きやすい問題や、どんな学習でつまずきやすいのか、そういう状況下でどう学校生活を送ればよいかについても考察しています。

どの年代の保護者の方でも、世の中がこれからどうなっていくのか、子どもに何をしてあげられるのかには大きな関心を寄せられていると思います。将来の職業観、ブラックボックスになりがちな通知表の仕組みなど、小学校教師としてさまざまな視点から書きました。わが子のよりよい学校生活を願うすべての保護者の方へ、そして子どもたちへ、この本をお届けします。

CONTENTS

※本書に掲載されているアプリやサービスは、2023年1月時点の情報によっております。
アプリ等のダウンロードにつきましては、自己責任でお願いいたします。当社では一切の責任を負いかねます。

3時間目 令和的・小学生のトラブルとの付き合い方

STAFF
ブックデザイン 喜來詩織（エントツ）
イラスト こやまもえ
DTP 山本秀一、山本深雪（G-clef）
編集協力 矢島史
校正 麦秋アートセンター
編集 川田央恵（KADOKAWA）

1 時間目

こんなに変わった
令和の小学校

1

100年同じスタイルが続いた小学校の教室

〝昭和の時代から続く国民的アニメ〟と聞いて、何を思い浮かべますか？　たとえば「サザエさん」などに登場する小学校の教室は、どれも同じ感じではないでしょうか。先生が黒板にチョークで板書しながら全員に向けて説明し、授業に積極的な子どもが手をあげる――こんなイメージが頭に浮かぶと思います。

これを「一斉授業」と呼びます。保護者のみなさんも、このような教室空間で育ってきた方が多いのではないでしょうか。今ある学校の仕組みは、1872年

（明治5年）の「学制発布」を受けてスタートし、今日にいたります。

そう、100年以上も同じフォーマットで変わらずやってきたのです。

100年前と言えば、電話は特別な家にしかなく、電話交換手を経て相手と話していたころ。そこから社会はものすごいスピードで変化を遂げ、高度成長期を経てデジタル化し、みんながスマホを持つ世の中になりました。まったく違う社会になったのに、教育の形はほとんどずっと同じということになります。

それにもかかわらず、世界における日本の学力的なポジションは総じて高く、一定の評価がされているというのも事実です。OECD（経済協力開発機構）が実施しているPISA調査（各国の学習到達度を評価するもの）では、2018年に日本は読解リテラシーで11位、数学的リテラシー1位、科学的リテラシー2位と、世界トップクラスに位置していると言えます。また国民のほとんどが日常生活における読み書きができるという事実も当たり前のように見えますが、世界の識字率の平均値である86％（ユニセフ「世界子供白書2019」）と比較すると高いことがわかると思います。

2

一人1台のタブレットによって起こった学びの変化

２０１９年2月に文部科学省が打ち出した「ＧＩ《ギ》ＧＡ《ガ》スクール構想」。これにより、全国の小中学校において一人1台のタブレットが支給されました。学校の教育は「チョーク＆トーク」の授業から大きく変化しようとしています。まさに１００年に一度の大変革期を迎えていると言っても過言ではありません。

学校のデジタル化を目指すＧＩＧＡスクール構想は、コロナ禍を受けて数年前倒しとなり、一気に進められました。そのようなことも影響し、自治体によって格差が生じています。品質の良いデバイスが支給されている地域もあれば、なかにはタブレット自体が不具合ばかりで使い物にならないケースもあったと聞きます。そんな問題を両手に抱えつつも、全国のほとんどの学校で一人1台のタブレットを活用した学びが展開されつつあります。

これまでは、教員が画面上でスライドを見せるなど、教具として使われていたデバイスですが、今では子どもの文具として活用することが求められています。

私は校内ではＩＣＴ（情報通信技術）主任を務め、外部では教育現場でテクノロジーを活用する「マイクロソフト認定教育イノベーター」という立場であるため、ほぼすべての授業でタブレットを使っています。

子どもたちが文書ソフトで作文を書いたり、パワーポイントでプレゼンをするのはもはや当たり前。動物を模した車を工作し、ときにはプログラミングをロボットに仕込んで動物の動きを再現したり、Ｚｏｏｍで遠隔地の学校と交流授業をしたこともあります。

子どもたちにとって、タブレットはもはや特別な存在ではありません。鉛筆や消しゴムと同じ、〝あって当然の文具〟となっているのです。

3

「個別最適な学び」って？

――みんな違ってみんないい

一人1台のタブレット導入で学校が目指しているのは、〝個別最適な学び〟です。子どもが10人いれば、得意不得意や興味関心がそれぞれに違うのは当然のこと。子ども一人ひとりにフィットするような学びを目指しての導入なのです。

たとえば、昔から学習教室として有名な「KUMON（くもん）」では、ひとつの教室にさまざまな学年の子どもが入り交じり、学年に関係なく自分のレベルに合ったプリントに取り組むことで、基礎基本の定着を図っています。

しかし学校では、年齢によって学年を区切られ、強制的に学年に応じた学習内容を割り振られます。そのこと自体は今も変わらないのですが、タブレットの登場によって一人ひとりの学力に応じた学習ができる仕組みが整いつつあるのです。

ＣＭなどでよく耳にする「スタディサプリ」という学習ツールは、ＡＩが個人に合わせて問題のレベルを調整してくれるシステムですが、こういったサービスが各社から配信されるようになりました。

これは非常に合理的で、個人に合わせた問題に取り組むことで効率的に学力を上げることにつながります。すでにわかっている問題のプリントをいくらやってもほぼ意味はありませんから、タブレットで個別最適な学びに取り組めるようになったのは喜ばしいことです。「ドリルパーク」「Ｑｕｂｅｎａ《キュビナ》」といったサービスが、学校にも少しずつ浸透してきています。

こういったタブレット学習のメリットは、予習・復習に取り組むときにも大きいものです。「授業でやった単元はもうマスターしたから、先に次を見ておこう」と自発的な予習に導きやすいのです。反対に、「小数のたし算ができないから、前の学年に戻って整数のたし算からやってみよう」と復習する子も出てきます。

そして学校教材だけではなく、興味に応じて学習を広げたり、深めたりできる「個別最適」も可能となりました。それぞれがタブレットで、〝無限の知の集合体〟であるインターネットにアクセスすることができるのですから。たとえば国語の作文で、「ぼくは恐竜について書く!」「私は音楽について書いてみる」といったように、個別の興味に沿った学びを展開することができるのです。

こうなると教師の仕事は、知識を伝達するという役割から、子どもがよりよい学びを得られるように支援する役割へと変わっていきます。私自身、黒板にひたすら書いて、ひたすら内容を伝える「チョーク&トーク」の授業をすることが激減しました。日によっては、一文字も黒板に書かないことだってあります。

麹町中学校(東京都千代田区)では、キュビナを活用した学習で算数の授業時間を半分に削減できたそうです。言い換えると、これまでの「チョーク&トーク」の授業にはかなりの無駄があったとも言えるでしょう。

今後はこれまでの一斉授業から、タブレットを活用した個別最適な学びへと大きくシフトしていくことは間違いありません。

ただし、ＡＩによる自動出題にはマイナス面も指摘されています。それは、弱みを自分自身で分析する機会を奪われるということ。すると、自分を振り返る力を育てられなくなってしまいます。

保護者のみなさんも、学生時代に数学の問題集を解いて、自分で丸付けをして、できなかった問題に再度取り組むことをしていたのではないでしょうか。この、自分自身を振り返る力を「メタ認知力」と呼びます。この力が強い人は、状況判断力に優れ、問題解決能力、目標達成能力も向上しやすいと言われます。そこは、これから私たちが考えていかなければならない部分だと思います。

4

「協働的な学び」って？
――みんなで協力して進める学び

前項の「個別最適な学び」とならび、一人1台のタブレットによって目指すのが「協働的な学び」です。一人でやるよりみんなで協力したほうが、難しい問題をクリアできたり、さまざまなアイデアが生まれます。

紙と鉛筆オンリーの学習では、みんながそれぞれの机で、バラバラに学習することになりがちでした。タブレットでクラウドを活用すれば、全員がひとつのデータにアクセスして共同編集するような学びができるようになります。それは、班のメンバーで役割分担しながら新聞を作成していくイメージ。

友だちが作業すると、タイムリーに自分のタブレットの画面も更新されるため、自然と友だちの制作物を見て学ぶことになります。いわば、「良性のカンニング」です。学ぶという言葉の由来は「真似《まね》ぶ」にあるそう。この真似ぶ活動が、テクノロジーにより簡単に実現できるようになったのです。

私の社会科の授業等では、パワーポイントを班のメンバーで共同編集してもらい、手分けしてスライドをつくってもらっています。それを用いて班ごとにプレゼンするような活動を取り入れることで、班での話し合いは必然的に活発なものになります。全員がイスに座って教師の話を聞くだけの授業とは比較にならないくらい、子どもたちの思考は活性化します。

教育用のクイズアプリ「Ｋａｈｏｏｔ《カフート》！」を用いて、班でクイズを共同制作する授業もおもしろいものです。つくる問題は、学習した単元に関するもの。

これまでは、とにかく教師から教えられたことを覚え、テストで答えるという流れがほとんどでした。今では、このように自分たちで問題をつくり、自分たちで解き合い、知識を深めることができます。当然、問題をつくるためには、何度も教科書のページをめくって読み込む必要があります。作問には高いレベルが必要とされるため、友だち同士で相談しながら「よいクイズをつくろう」という営みが自然と生まれてくるのです。

もちろん、いまいちなクイズができることだってあります。そんなときは、どう修正すればよいのかをクラスで話し合います。教師は、黒板の前に立つのではなく、教室の中をうろうろして班の活動をうしろから見守り、ときに声をかけてよりよい方向へと導きます。先述したとおり、教師の立ち位置は変わってきているのです。

これらの活動は、お互いの成果物に対して相互評価ができることも大きなメリット。常にほかの班の作品が目に見えるうえ、コメントやスタンプを送り合うことができます。やりっぱなし、つくって終わりの活動ではなく、友だちからフィードバックをもらえることで「喜び」「モチベーション」がアップ。「次はこうしてみよう」と改善に役立てることもできます。

そして、友だちと協力して学習することでよりよい人間関係を築くことも、授業の大きな目的であると考えます。コラボレーション（協力）し、活発にコミュニケーション（議論）することで、人間関係はプラスに働くことが多いです。

「21世紀型スキル」という言葉が、教育界でも見聞きされるようになりました。創造性、議論する力、協働し合う力。これらは、予測不可能な未来を生きる子どもたちにとって、将来必要になるであろうと言われているスキル群にあたります。

いずれも、これまでのような受け身の一斉授業で知識を詰め込まれるだけでは、到底身につけることはできません。令和を生きる教師には、授業を通じて、生涯にわたって大切な力を育んでいくことが求められるのです。

5

テクノロジーが距離を乗り越える

ひと昔前の通信会社のCMに、異なる地域の教室をつなぎ、向こうの教室をスクリーンに投影して、あたかもひとつの教室のような環境で授業を受けるシーンがありました。当時はまだ夢物語でしたが、こういった授業も今なら簡単に実施することができます。

たとえば自分の住んでいる地域について学んだあと、他県の教室とつないでお互いの都道府県に関するクイズを出し合ったこともあります。このときは、京都、北海道、神奈川、広島、佐賀の5校で総当たり方式のクイズを出題し、解説まで行いました。最近ではZoomを使って、2校をつなげてプレゼンソフトを使って学び合う授業も行いました。

また、社会科でゴミ処理について学んだ際は、まったく環境の異なるオーストラリアやシンガポールの日本人学校とつなぎました。それぞれの国のゴミ処理について報告し合い、自分たちにできることを考え、伝え合うという授業でした。

少子化に伴い、学校のクラス数は都市部でも減ってきています。私の学校もそうですが、1学年に1クラスという学校もこれからどんどん増えていくでしょう。そうなると、小学校の6年間をずっと同じメンバーで過ごすこととなり、人間関係が固定化されるという側面があるわけです。閉塞した環境になりがちな今日の学校において、テクノロジーで距離を無効化し、出会ったこともない遠い地に住む同級生と、ときに国境を超えて交流することはとても意義深いものだと考えます。

6

最近よく聞く発達障害って？

最近メディアでよく耳にするようになった「発達障害」という言葉。不注意、多動性、衝動性が出やすい「ＡＤＨＤ」、知的障害はないものの特定の学習において極端に苦手がある「ＬＤ（学習障害）」、社会性や想像力の乏しさ、コミュニケーションの困難さを特徴とする「ＡＳＤ（自閉症スペクトラム）」などが知られています。

某国民的アニメのメガネの主人公くんは、この観点からするとＬＤだと思われます。作品の中では、彼が0点を取るのはサボり癖のせい、彼自身のせいだというふうに描かれています。けれど、毎度毎度5年生の算数で0点を取っているのに叱り倒すというのは、現代の学校ではありえないことです。

学校ではこのように明らかな困り感を示している子どもには、〝合理的配慮〟をすることが求められています。たとえば、極端に計算が苦手な子には電卓を持たせたり、字が読みにくい場合にはふりがな付きの教科書やテスト、行を読み飛ばしにくくなる定規のようなツールを用意することもできます。

子どもの発達障害の割合は、全体の1割とも言われています。もしお子さんが学校やご家庭で困り感を示しているようなら、どうぞ遠慮なく教員にご相談ください。合理的配慮を受けることにより、安心して過ごせるようになるかもしれません。

また学校では、教育相談と呼ばれるカウンセリングを受けることもできます。スクールカウンセラーが定期的に来校し、保護者のみなさんが無料で子育てについてなどの相談ができるというものです（自治体によります）。これは、保護者だけではなく子どものみで受けることもできます。

通常の学級で周囲の刺激をカットしてストレスなく学べる環境にしたり、特別支援学級などで「ソーシャルスキルトレーニング（ＳＳＴ）」と呼ばれるプログラムで社会で暮らしていくためのスキルを学んだり、専門医による治療を受けたりすることで、困り感を軽減させるようなアプローチが多く取られています。

ちなみに、発達障害を抱えていても世界で活躍する人は数えきれないほど存在します。有名なところでは、俳優のトム・クルーズは字が読めないＬＤであるディスレクシアですが、ご存じのようにすばらしい作品の数々に貢献しています。

このように、苦手なことがある分、得意なことや好きなことが突出しているお子さんも多く見受けられますので、ぜひそういうところは伸ばしてあげたいと思います。もし学校でつらい思いや大変な思いをしているようでしたら、少しの工夫で改善できることがあります。繰り返しになりますが、遠慮なく私たち教師に相談してみてください。

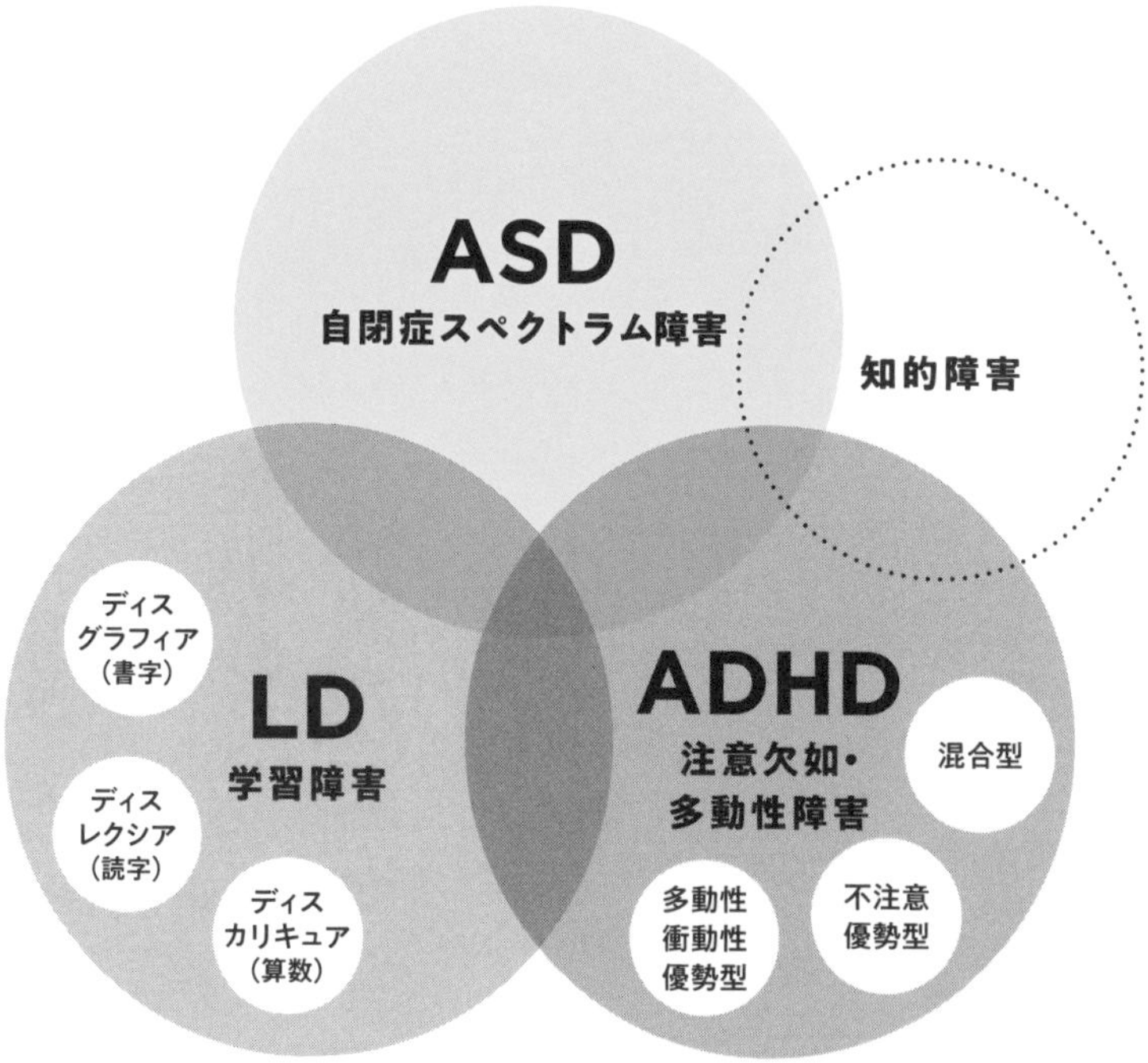
ASD
自閉症スペクトラム障害
知的障害
LD
学習障害
ディス
グラフィア
(書字)
ディス
レクシア
(読字)
ディス
カリキュア
(算数)
ADHD
注意欠如・
多動性障害
混合型
多動性
衝動性
優勢型
不注意
優勢型

7

知ってほしい教師の「残業代ゼロ、休憩時間ゼロ」

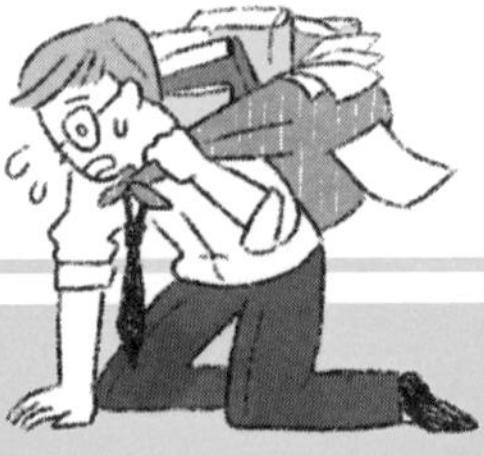

昨今の報道でも明らかになり始めている、学校教員のブラック労働問題。ニュースやSNSなどで目にした方もいるのではないでしょうか。

2022年5月に発表された名古屋大学の調査では、「全国平均で教師の残業時間が1カ月当たり100時間以上にのぼる」「小学校で98時間」「中学校で114時間」とされています。これには自宅に持ち帰った仕事や、休憩時間中の業務、残業時間を過少申告した分などの「見えない残業時間」も含みます。

ここで保護者の方に知ってほしいのが、「教師に残業代は出ない」という実態です。１９７1年に制定された「給特法」という法律により、いまだに「教員には残業代出しませんルール」が発動されているのです。厳密に言えば、基本給の４％が調整額として支給されてはいます。けれどそのパーセンテージの根拠は、50年前の「教員の月平均残業時間8時間」に見合ったもの。要するに、8時間以上の残業分がまったく支給されていないのが現状なのです。日本の教員に課されているのは、「定額働かせ放題」「完全赤字サブスクサービス」という状態です。さらに中学校の教員には土日の部活もあります。外部委託するなど、地域社会へ委ねられる動きが出始めてはいますが、まだまだです。

そして問題なのが、こういった事実が世間に伝わっていくことにより、教員志望者が激減していることです。かつて10倍近くだったこともある教員志望者の競争率は、今や1倍台という自治体もザラ。誰でも受かるような状態に陥れば、教育の質が担保できなくなっていくでしょう。産休や病休で一人欠けても代わりはおらず、教頭が担任を兼任するようなケースも出てきています。

自治体や学校によりますが、〝とにかく回せていない〟のが現在の学校なのです。

8

「学校は捨てるのが下手」問題

——ビルド＆ビルドの風土

学校が回っていない問題には、ほかにもさまざまな要因があります。まず、学校はとにかく「スクラップ（廃棄）＆ビルド（構築）」が下手です。時間は限られているのだから、新しいことを始めるには何かを削ることが必要。にもかかわらず、あれもこれもと無数の仕事が「ビルド＆ビルド」され、スクラップ（廃止）されたものと言えば座高測定とぎょう虫検査くらいのものです。加えて、消毒など新型コロナウイルス関連の業務も増えました。

世界的に見ても、日本の教員の勤務時間は非常に長いと言われます。けれど、授業準備にかけている割合は非常に低いそうです。いや、じゃあ何の仕事してんねんって話にもなりますね。実は本質的ではないさまざまな雑務に追われ、本質である授業がおざなりになってしまっているというトホホな状況なのです。

以前、『さる先生の「全部やろうはバカやろう」』（学陽書房）という、教員の働き方の改革を提案する本を書きました。怒られるのではとビクビクしていたのですが、思いのほか多くの教員から共感を得て、教員向けの本としては異例のベストセラーになりました。このとき投じた一石により、学校現場に1ミリくらいは変革をもたらすことができたと信じたいところです。

民間企業にお勤めの方には信じがたいことかと思いますが、公立の学校現場には「人件費」という概念がありません。そのため、コスト度外視、「子どものために」をスローガンにすべてのことをやろうとしていたのです。この、持続不可能な長年のあり方により、日本の教育は壊れかかっているのです。

今後、学校は多くのことをカットしていくかもしれません。もしそのようなシーンに出会ったら、保護者のみなさんもご理解いただければ幸いです。

9

学校のデジタル化で紙のプリントは減る？

保護者の方からよく聞く、「子どもがプリントを持って帰ってこない！」という声。「伝書鳩でも飼いましょうかね～」なんて、笑えない冗談を返したこともありました。

なかなか進展がなかった学校でのペーパーレス化ですが、ＧＩＧＡスクール構想をきっかけに、半強制的にデジタル化が進み始めています。

私の勤務する小学校でも、夏休みの作品展や運動会のアンケートにグーグルフォームを利用するようになりました。まあ、そのフォームの2次元コードは紙で配布されていたりするわけですが……。でも大丈夫、あと1～2年もすればさらに大きく変わってくるはずです。日本中で、この傾向がみられています。

ただ、デジタル化による個人情報流出等のリスクについて、学校はとにかく敏感です。紙だって紛失すれば本質的な問題は同じなのですが、なぜかデジタルには厳しいのです。なにせ100年間も紙オンリーでやってきたので、紙への信頼はなかなか揺らぎません。ぜひ、保護者のみなさんからも「デジタルにシフトしては?」という声を学校に届けてください。学校に「デジタル化しても大丈夫なのかも」と感じてもらうことが必要なのかもしれません。

なお私のクラスでは、紙の学級通信に2次元コードを埋め込むことで、子どもたちの学校での様子を保護者のみなさんにスマホから見ていただける「動く学級通信」を発行しています。この試みを導入しようとしてくれる他校の教員もいるのですが、残念ながら管理職からNGが出てしまうという声をよく耳にします。よくある学級通信の白黒印刷の不鮮明な写真では、どれがわが子かもわかりませんよね。ぜひ学校へ「デジタルでお願いします!」という声を届けてください。

10

「普通の学校」以外の学校ってどんなもの

前述してきた日本の公教育の柔軟性のなさに、嫌気がさしている方もいらっしゃるかもしれません。公教育のプレイヤーである自分自身もその責任の一端を担っていることを思うと、申し訳ないという気持ちがあります。

学校教育法第一条に定められ、文部科学省の管轄内にある学校（公立私立にかかわらず一般的な「学校」全般、幼稚園を含む）を、「一条校」と呼びます。近年、それ以外の独自の哲学に基づいて教育活動を行っている学校も増えてきました。それらを「オルタナティブ（もうひとつの）スクール」と呼びます。

プロ棋士の藤井聡太さんは、「モンテッソーリ教育」を受けていました。これは子どもたちの主体性や個性を大切にするという哲学に基づいた教育で、幼稚園などもあります。ほかに、異年齢クラスで子ども主体となって会話・遊び・学習・催しという基本活動を行う「イエナプラン教育」、自由と協働の原理に基づいて詰め込み教育から脱却した子ども主体の「ドルトンプラン教育」なども有名です。ほかにも、シュタイナー、サドベリー・バレー、フレネ、ニイルといった教育法に基づく学校が存在しています。

これらに共通するのは、「子どもの主体性」を尊重していること。残念ながら現状の日本の教育は、まだまだ教師が中心で、子どもは先生に従うことが正しいといった価値観が支配的です。

まだごく少数ではありますが、オルタナティブスクールも視野に入れて子どもの教育について考えてみるのもいいかもしれません。ただ、いずれも学費が高額となる傾向はあります。

COLUMN

1

親世代とは様変わりしつつある運動会

運動会は、昔からずっと続いている学校行事の代表的存在ですが、これも少しずつ変化しています。

目立つところでは、日本中の運動会のトリを飾っていた６年生の組体操が、ここ数年で姿を消したことです。私もそういった価値観で指導していたので言える立場ではないのですが、観客を魅了するために技の難度が上がっていった結果、事故が多発したという背景があります。もっと踏み込んで言えば、子どもを使って教師の指導力を誇示するような側面が強くあったのです。

今ではその価値観を大きく変え、“大人に言われたとおりに動く”運動会から、“自分たちで考える”運動会を目指しています。私の小学校では昨年、学年全体で同じ音楽ながらチームごとに違う振り付けで踊る部分を多めにとりました。そのダンスはオリジナルで、各チームの子どもたちが考えたものです。統一する美しさから、多様性を楽しむ演技へとシフトしているのです。

開会式での手足をそろえた行進なんかも、よく考えればもはや時代錯誤ですよね。最近のオリンピックでの世界各国の入場行進を思い返してみてください。みんな笑顔でそれぞれ自由に歩き、手を振り、スマホで自撮りしていますよね。

これからは、子どもたちが自分の頭で考えて、笑顔でいられるような多様性ある運動会へと変わっていくべきだと思います。

2時間目

小学校の教科を網羅！
学習のコツと
家庭でできること

11

「こんな勉強、大人になってから役に立つの？」に対する答え
――認知スキルと非認知スキル

「こんなの大人になってから役に立つの？」

これ、子どもが勉強を否定する際に使う定番の言葉です。

学習には2つの側面があります。

ひとつめは、その学習で獲得する知識や技能そのものに価値があるもの。漢字をほとんど覚えていなければ、日常生活に支障をきたしますし、簡単な計算ができなければアルバイトもままならないでしょう。このあたりの「大人になっても

使う」ものは、子どもでも学習の意義を理解しやすいです。しかしこんな問題だとどうでしょう。

「色のついた部分の面積を求めなさい」（下図）

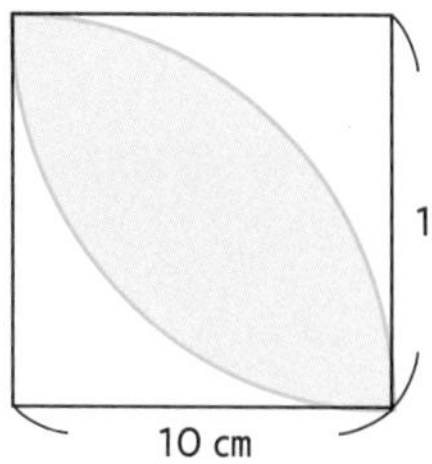

これを解くためには、かけ算・引き算の技能、四角形と円の面積の求め方を知っていることがベースとなります。できる・できないがはっきりと判定できるものです。これを「認知スキル」と呼びます。

2つめの側面は、困難な問題に立ち向かう力やものごとを論理的に考える力など、数値化することのできない「非認知スキル」を鍛えることにあります。そういった問題を解くための技能は、直接的には将来使われることがないかもしれません。

しかし、こんな問題を解く過程で得られる非認知スキルは、さまざまな領域に転移し役立ってきます。すなわち、学習の目的は間接的に獲得する非認知スキルにある場合も多いのです。

12

国語

子どもはみんな日本語のネイティブ

お昼ごはんは何がいい？
オムライスが食べたいな！
いいね！そうしよう！

この本を手に取ってくださっている方の多くは、日本にお住まいで、日本語で家族の会話をしているのではないでしょうか。ということは、みなさんのお子さまは日本語のネイティブ環境で育っていることになります。当たり前のことのように感じますが、国語が母語を学ぶ教科である以上、とても重要なことです。

国語という教科は、どの学年においても最も多く時間を配当されており、重要視されています。そこでさまざまな物語文や説明文を読み、漢字の学習をし、日本語を学んでいくわけです。

当然ながら、国語に限らず算数も理科も社会も、教科書やテストは日本語で書かれています。「国語ができなければ何もできない」と言っても過言ではありません。

また、国語力が乏しいと自分の言葉で状況や気持ちを伝えるのが苦手になってしまいます。トラブルが起きたときなど、相手に意思を伝えることができず手が出てしまう原因にもなるのです。

私の立場で言うのもなんですが、学校で学ぶ日本語は、子どもの国語力形成の1割にも満たないのではないかと感じています。肌感覚ですが、9割は授業以外で獲得しているのではと思うのです。

子どもは幼少期から絶え間なく日本語のシャワーを浴びながら育っています。名作映画などの映像作品を一緒に視聴するというのも、質のよい日本語のシャワーになりますね。そのシャワーの質と量が、国語力形成の決定的な要因になります。ぜひ、日々の会話の中で豊かな日本語のシャワーを浴びせてあげてください。愛情をもって、できるだけ丁寧な正しい言葉で。

13

国語

読む子は育つ！

とある先生がこんなことをおっしゃっていました。
「いくらすばらしい国語の授業をしていても、クラスの子どもに本を読む習慣がついていないのなら意味がない」と。これは本当に的を射ていると感じます。どんなに質の高い国語の授業も、日々読書をして得る国語力にはかなわないということを示唆しています。
本を読む子どもは学力が高く、学力の高い子どもは本を読んでいます。この2

つは、かなり相関性が高いという感覚があります。すなわち、できるだけ早い段階で、子どもが自力で本を読む習慣をつけることが、国語力形成に向けて何より大切なことなのです。

天才子役としてブレイクした芦田愛菜《まな》さんは、幼少期から読書習慣があり、小2のころには東野圭吾さんの小説を読んでいたそうです。できるだけ早い年齢で自ら本を読むことは、人生レベルで大きなアドバンテージとなるでしょう。

日本の子どもは、どれくらい本を読んでいるでしょうか？ 全国学校図書館協議会のデータによると、小学生の1カ月平均は13・2冊（2022年5月）だそうです。調査年齢の幅が6～12歳と広く、低学年は絵本も入ってくるので多めに出ているかもしれません。4～6年生にはある程度の厚さの活字本を週に最低1冊は読んでほしいというのが私のひとつの基準です。

読む子は育つのです。

そのための一歩として、たくさん読み聞かせをしてあげてください。子どもが大きくなっていても大丈夫です。私が尊敬するある先生は、6年生の教室でも日々子どもたちに読み聞かせをしています。

14

国語

子どもに本を与えることは未来への投資

落合陽一氏（メディアアーティスト）が、こんなことを述べています。

「隣の家が1000倍収入が多い状況はあまり発生しませんが、隣の家には本が1冊もないけれどうちには本が1000冊あるという格差は普通に発生しています。これは貧富の差よりも大きい差が生まれているということです」（『日本再興戦略』幻冬舎より）

私も、幼少期の読書体験が、そのまま子どもの未来の活躍に直結すると考えています。すなわち、本を与えることは、未来への投資と言えるのです。

とはいえ、「子どもが本に興味を持ってくれない」というのもよく聞く話。ひとつのアプローチとして、すでに知っている話の本を与えるという方法があります。たとえばアニメを文庫化した本は、読書嫌いの子どもでもスッと入れるケースが多くあるのでおすすめです。小さい子どもが同じアニメを何度も見たがるように、ストーリーを前もって知っているという安心感がとっつきやすさを生み出すのです。

またおすすめなのが、小学校の国語の教科書に載っている物語です。『スイミー』、『モチモチの木』、『やまなし』など、昔から教科書に載っている本には流行に左右されない魅力があります。そして、やはり授業で触れて知っている話の方が食いつきがよいのです。

自分の家で読んだことがある物語が教科書で出てきたら、「これ知ってる！」と得意げに学びに向かうでしょう。音読の宿題も出るので、すでにスラスラ読める状態だと自信になりますね。月に1冊は本を買う、月に1回は図書館へ行くという習慣ができるとすてきだと思います。

15

国語

まずは「読める」ようにする

子どもが字を読み書きできるようになるまでには、決まったステップがあります。その基本となるのが「読み書き分離」という考え方で、まずは読めるようにしてから、その次に書けるようにするというものです。

みなさんも、日常生活の中で「読めるけど書けない」漢字に遭遇することは多いと思います。今この原稿を「シロノワール」で有名なとある珈琲店で書いているのですが、ほら、「珈琲」って読めても書けなくないですか？

要するに、「読む」と「書く」の間には大きなレベルの差があるのです。だから両方を同時に子どもに求めるのは酷というもの。まずは読めるようにすることが大切です。

私の場合はお風呂にひらがな表や漢字表を貼って、わが子が小学校に入る前から一緒に読む練習をしていました。慣れてきたら、組み合わせて熟語をつくります。こうして、とにかく読めるようにしていくのがおすすめです。ある程度読める字を増やしておけば、小学校で「初めて見た」という漢字との遭遇率を減らすことができます。すると苦手意識を持つことなく、学習に入りやすくなるでしょう。

私が学校でずっと取り組んでいるのが、「漢字音読」。たとえば小学3〜4年生は1年で200個ほどの漢字を習います。常にはじめましての状態で学んでいくのではなく、1学期の初めに〝すべての新漢字が含まれた文章〟をとにかく音読するようにしています。すると、改めて習うときに「見たことがある」「なんとなく読める」状態をつくり出せるのです。これで、漢字習得へのハードルはずいぶんと下がります。もしよかったら、ご家庭でも試してみてください。

16

国語

字を書くということ、遊びの中で学ぶ

小さい子どもは、ある程度物心がついてくると、見よう見まねで字を書こうとするようになります。その際、「も」や「し」なんかは左右反対になったり、書き順がはちゃめちゃだったりします。しかし、そこで無理に正しさを求めてはいけません。自ら字を書こうとするその姿勢をとにかく認めて、ほめてあげてください。

もし、そこで正しさを求めてしまうと、子どもはとたんに嫌気がさし、書くことに対してネガティブなイメージを抱きかねません。雑でも間違っていてもいいので、とにかく字を書くという体験の貯金をたくさんさせてあげてください。それは、将来の学習への大きなアドバンテージとなります。

ライオンの子どもだって、遊びながら狩りのトレーニングをします。わが子も、とくにドリルを与えなくても、自然と見よう見まねで遊びながら書くようになりました。正しい字を書く訓練は、あとからでもなんとでもなるのです。

そしてある程度大きくなって宿題に漢字練習が出るようになると、ぶつかる壁は「字が雑になる」というもの。これには性別差が顕著にあり、活発な男子はとくに雑になりがちです。きっと、「早く宿題を終わらせて遊びたい」という気持ちがあるのでしょうね。「自分が子どものときはもっと丁寧に書いたのに」と思う保護者の方からしたら、いらいらすることもあるかもしれません。

けれど、学校は習字教室ではありません。ある程度丁寧ならＯＫ、というくらいの気持ちで大丈夫だというのが私なりの考えです。字のきれいさに関しては、１００点志向ではなく60点志向くらいでいきましょう。あまり厳しく言うと、勉強への苦手意識や嫌悪感を助長してしまいます。

17

国語

意外と難しいローマ字習得問題

現在は、ローマ字を小学校3年生で習います。これって実は、ものすごくハードルの高い学習です。

なにしろ五十音に加えて濁音、半濁音、促音（っ）、拗音（ゃ）など、コンビネーションにより覚える項目が多岐にわたります。また、ヘボン式（ち＝ｃｈｉ）と訓令式（ち＝ｔｉ）の違いなんかも、ややこしさを助長します。これを5時間程度の授業時間で指導しろというのだから、ちょっと無茶ぶりというレベルなのです。

ローマ字を使うシーンというのは、9割がたがパソコンのタイピングです。読み書き計算タイピングといっても過言ではないぐらい、基礎的なスキルになってくるはずです。

これは持論ですが、ローマ字習得への近道は、パソコンによるタイピングゲームだと思っています。低学年のうちから遊びながら、ローマ字を自然と習得していくのと同時に、タイピングスキルを獲得できるという一石二鳥の方法です。

さまざまな無料のタイピングコンテンツがありますが、初めにおすすめなのが「あタイピング」。左手の人差し指がF、右手の人差し指がJというホームポジションを意識して、タイピングをするのに最適なトレーニングになります。これを意識していないと、指1本だけでタイピングをする子もいます。せっかく指が10本あるのにもったいない！

ある程度ホームポジションで打てるようになったら、「寿司打ち」「POPタイピング」など、ゲーム感覚の強いタイピングゲームをしていくとよいでしょう。わが子はこれで、低学年のうちにローマ字を習得しました。

18

算数

好きな教科・嫌いな教科ランキング1位のW受賞

算数は、国語とならんで学校教育の双璧のひとつです。おもしろいことに、小学生の好きな教科ランキング1位は算数。同時に、嫌いな教科ランキングでも1位を獲得しているのです。

学研教育総合研究所の調査によると、このダブル受賞は7年連続の快挙（?）だとか。算数って、できる・できないが明確になりますね。その分、できたときの気持ちよさは、なんとなくわかると思います。江戸時代には『塵劫記《じんこうき》』という

算数の問題集がベストセラーになりましたし、「大豆田とわ子と三人の元夫」（関西テレビ）という人気ドラマでは主人公の趣味が数学の問題解きでした。得意な人には一種のエンタメになりうる教科なのです。

しかしながら、苦手な子どもからすればただの苦行ともなりうるのも、また算数。しかも算数は極めて系統だっているため、積み上げが命の学習です。たとえば九九がわからないと、面積が求められません。かけ算・わり算の筆算につまずくと、速さや割合といった難解な単元では解きようがなくなります。これらは中学高校での数学にもつながるので、一度つまずいたら苦行は何年も続くことになります。

もし詳しい流れに興味があったら、「新学習指導要領における算数・数学内容系統一覧表」を検索して目を通してみてください。ひとつひとつの単元に、どのような重要性があるかがわかってくると思います。

わが子が算数嫌いにならないために、家庭でできることについてこの後のページから考えていきたいと思います。

19

算数

「計算力」は算数人生における財産

算数の基礎となるのは、やはり計算力です。とくに低学年なら算数の力とイコールといっても過言ではないくらい、重要です。簡単な四則計算は瞬時にできるようにならないと、小学校中学年くらいで行き詰まることも珍しくありません。

たとえば7＋6＝13、みなさんは本当に計算して答えを出していますか？　おそらく、これまで数えきれないほどこの計算をしてきた結果、暗記しているのだと思います。計算力がつくというのは、こういう状態を指します。繰り返し学習

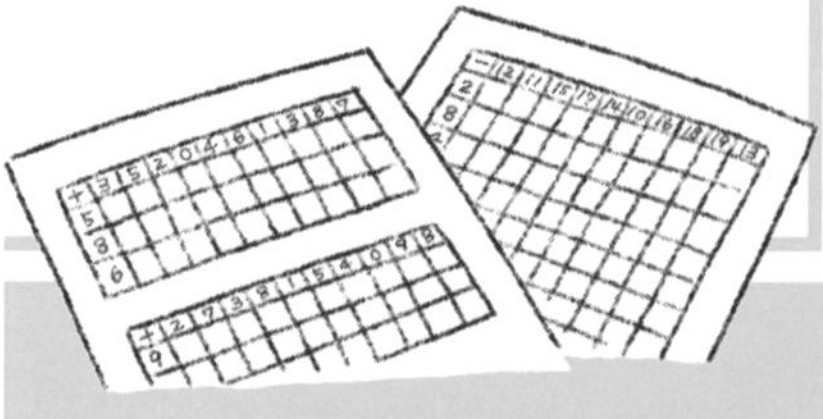

するうちに、覚えてしまう状態を目指すことが大切です。

そのために有効な手段のひとつが「百ます計算」です。陰山英男先生（陰山ラボ代表）が日本中に広めた学習法で、全国の多くの学校現場で実践されています。

私が教員になって最初の3年間は、同じ子どもたちを持ち上がりで4〜6年生の担任をしました。学年主任に「とにかくこれをやっておけば後々ラクになるよ」とアドバイスされ、算数の授業の初めの3分は愚直に百ます計算にあてました。当時はピンと来ていなかったのですが、その効果は絶大でした。基礎的な計算力がついていたこともあってか、子どもたちは学力テストなどで全国平均よりかなり上の標準の点数を取れたのです。

百ます計算という名称ですが、低学年の初期は20ますだったり、高学年では余りのあるわり算50問だったりします。書籍やスマホのアプリにも多くの百ます計算シリーズがあるので、ぜひ手に取ってみてください。計算力は、算数人生における財産になるはずです。

20

算数

料理や買い物で「量感」をつける

私が教員としていつも保護者の方にお願いするのは、「日常生活の中で量感をつけてください」というものです。量感とは、「２㎞とはこれくらいの距離だ」「５００㎖とはこんな量だ」ということをイメージできる感覚です。

この感覚がある程度育っていないと、子どもたちはとんでもない答えを平気で書いてきます。学校から家までの距離を２０００㎞と書いたり（遠いな！）、水筒の容量が３㎖だったり（少なっ！）、消しゴムが５８００円だったり（ブランド品!?) します。この答えで笑えるのは量感があるからであり、それがない子どもには何がおかしいのかわかりません。

量感をつけるためには、家庭での数字にまつわる体験を積むことが大切。数字の物差しを、子どもに持たせてあげましょう。とくにおすすめなのは、料理です。本格的な料理でなくとも、ホットケーキづくり程度で十分です。パッケージのレシピを見てそのとおりにするだけで、½カップ、500㎖、3分といったかさや時間の感覚、分数や小数などの数の仕組みに慣れ親しむことができます。

また、一緒に買い物するのもよいでしょう。来年小1になるわが子とは、よくコンビニのお菓子コーナーに行っています。お菓子を選ばせて、値札を読ませて、財布から必要なお金を選び取り、実際にレジで買わせています。最初は2桁までしか読めませんでしたが、今では132円を読めて、財布から100円玉と10円玉3枚と1円玉2枚を取ることができるように。まだ怪しいですが……。

ぜひ、料理や買い物を通じて子どもの量感を育ててあげてください。算数の大切な土台をつくることができます。

21

理科

命を守るために大切な知識や技能

理科って、何のために学ぶのでしょうか。私なりの考えになりますが、理科は身の安全を守ったり、命をつなぐための大切な学習だと感じています。「理科がわかっていなかったために大惨事になった」ことは、結構起こっているからです。
テレビで見た〝びっくり映像〟の話ですが、とある外国のガソリンスタンドで給油しながら煙草に火をつける男性の姿が……案の定、引火して炎に包まれてしまいました。彼だってさすがに液体のガソリンが燃えることくらい知っていたと

思います。けれど、「ガソリンは揮発性が高い」ことは知らなかったのでしょう。ガソリンがすごい速さで蒸発し、気体となって燃えてしまうという知識がなかったのでしょう。

あるいは、もし無人島に流れ着くようなことがあったら？ 水の確保に実は、5年生で実験をする「蒸留」が使えるのです。水溶液を熱して蒸発させることで、不純物を取り除いて真水をつくることができる。こんなサバイバル的知識も得ることができます。

私が好きな有料番組のひとつに、冒険家がジャングルや無人島に手ぶらでおもむき、1週間生き延びるというものがあります。サバイバルのためのアイデアの根幹は、理科の知識です。摩擦熱による火起こし、動物の糞から飲み水を確保。理科の知識なしには成り立たない企画です。

理科はまさに、生きる知恵。事故を防いだり、命をつないだりするための学習という側面があるのです。

22

理科

幼少期から理科的な生活体験を

幼いころに体験したことが、理科の学習のベースになると感じる機会もよくあります。

たとえば3年生では昆虫について学びます。昆虫は頭・胸・腹に分かれていて、胸から足が6本生えているという知識を得るのですが、虫取りが大好きな子どもなら、教科書を読むまでもなく知っていることです。一方で虫が嫌いな子は、本や教科書から知識を得ることがほとんどでしょう。ただ、生きた知識とは言えず、本物の昆虫の動きや質感や生態までは頭に入りません。「虫を追いかけてつかまえた」体験こそが物を言うのです。

4年生では熱の伝導について学びます。鉄と木では熱伝導効率がまったく違います。これも夏に遊具を触ったり、自然と触れ合ったりすることでその差を知ることができるので、実体験からイメージを持てるということが、とても大切です。

6年生での燃焼実験では、目に見えない酸素が燃焼の要因であることを学びます。キャンプでたき火やバーベキューをすれば、炭火をうちわであおぐと火が大きくなり、ぱちぱちと火花を上げる経験をするでしょう。その音、香り、肌に感じる熱さとともに、「空気を送るほうが燃える」という実感を持つ。それは貴重な財産です。

ご存じのとおり、学校への安全に対する配慮が強まる一方で、体験をさせる機会は減ってきています。私も林間学校へ引率した際に、新型コロナウイルスの影響で調理の許可が下りず、炭をパチパチさせる体験ができませんでした。

ぜひ、ご家庭で自然の中で遊んだり、科学的な体験を幼少期からしてみてください。

23

理科

思考のトレーニングをしよう

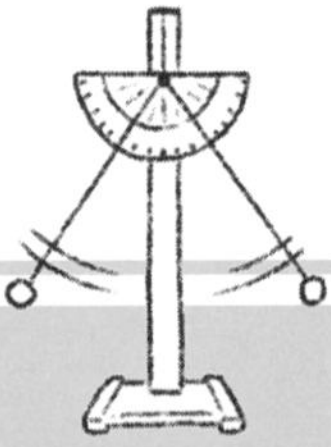

理科でつけたい力には、「論理的な思考力」もあります。たとえば5年生では、「条件制御」を求める実験を多くします。みなさんも学んだはずなので、ここで問題！　じっくり考えてみてください。

Q 振り子が往復する時間に影響をおよぼす条件は、以下のどれでしょう?

① 振り子の重さ

②ひもの長さ
③振り子の振れ幅

この問いに迫るため、子どもたちは条件を制御しながら数パターンの実験をします。結果を言うと、振り子の往復時間に影響をおよぼすのは②。ひもの長さを変えたときにだけ、時間が変わることを子どもたちは突き止めます。

このスキルはビジネスの世界でも必要で、「検証したい事柄以外の条件を同じにする」ことでマーケット調査などを行います。振り子の実験が将来何の役に立つのかわからなくても、こうした思考法をトレーニングしているのです。

6年生では、水、食塩水、炭酸水、石灰水、塩酸、水酸化ナトリウム水溶液それぞれを何の液体なのか突き止める実験をします。既習の知識と手元のカード(アルミや二酸化炭素)を駆使し、混ぜたり溶かしたりすることで答えを導き出す、ある種のゲームとも言えます。

理科的な思考をフル動員して得た思考力は、理科以外の領域でも役立っていくのです。

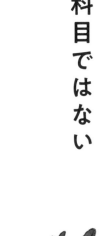

24

社会

もはや暗記科目ではない

「いいくに（1192）つくろう鎌倉幕府」と語呂合わせで年号を覚え、テスト勉強した記憶はありませんか？　社会は暗記科目だというイメージをお持ちの方は多いと思います。

インターネットが出てくる前の世界においては、知識量がものを言う時代でした。いかに情報を脳に詰め込み、テストというステージで上手に吐き出せるかが問われ、そのゲームに勝てる人が「賢い」とされました。しかし現代では、誰もが無限の知識にアクセスできるスマホを携帯しており、知識量という点ではある意味フラットになったのです。

では、すべての知識は無価値化されたのでしょうか？ それはNOです。

スマホで検索するにしても、一定の知識がなければ適した言葉を検索窓に入れることができません。たとえば「鎌倉幕府」と一口に言っても、「源頼朝」「御恩と奉公」「御家人」といった知識がなければ、その概念の何にポイントを絞って調べればよいのかわかりません。うっすらとした知識であっても、それがあってはじめて知識を再補塡できるのです。

落合陽一氏の言葉を借りるなら、「知識にフックをかける」です。これができなければ検索はできません。要するに、現代では1から10まで知識を完全に覚えていることの価値は下がったけれど、4から6くらいの知識はスマホを有効活用するために必要だということが言えるでしょう。

このような知識観を前提として学習することが、今日の最適解と考えます。

25

社会

「ゲーミフィケーション」で知識をつける

社会科は、「歴史」「地理」「公民」という領域にざっくり分けることができます。前述のとおり知識そのものの価値は下がっていますが、一定以上は脳内に保持していなければいけません。これは授業だけでなく、日常生活や遊びの中で身につけていくことも大切です。

4年生では日本の都道府県を覚える課題が出ます。知識ゼロからプリント学習でこれをやってのけようとなると、相当厳しいです。位置、形、名称（しかも漢字）と覚えることが膨大だからです。

そこでおすすめなのが、学習アプリの活用です。私のクラスでも導入したのですが、「都道府県パズル」というアプリは遊び感覚で位置や名前を覚えることができます。子どもたちが〝抵抗なく〟学習に臨めるのです。

さらにおすすめなのが、ＫＯＮＡＭＩの「桃太郎電鉄（桃鉄）」というコンピューターゲーム。大ベストセラーの国民的ゲームで、47都道府県を舞台としたすごろくをしながら、全国の農業、工業、水産業、林業、伝統工芸品について知識をつけることができます。やったことのある方は、深くうなずいているのではないでしょうか！

実はこのゲーム、教育版がリリースされており、学校現場では無料で桃鉄を使っての授業をすることができるのです。うらやましいぞ、令和の小学生。このプロジェクトには私も少し関わっていて、２０２２年末にはＫＯＮＡＭＩ主催の教育版桃鉄イベントに登壇させていただきました。このように、ゲームを利用して学ぶアプローチを「ゲーミフィケーション」と呼びます。遊びながらいつの間にか知識をつけられるなんて、子どもも親もハッピーですね。

26

社会

「ブラタモリ」で思考法について学ぶ

社会科の授業づくりのヒントになるため、若手の先生に見ることをすすめている番組があります。それが「ブラタモリ（NHK総合）」です。

タモリさんが日本各地をブラブラ歩きながら専門家の話を聞いたり、自身の知識を語ったりする番組で、お茶の間で人気を博しています。私も個人的には大好きな番組です。

これがなぜ社会科の授業の勉強になるのかというと、「既知の知識と新しく得た知識を組み合わせ」「問いと仮説を立て」「検証する」という社会科の授業の本質そのもので構成されているからです。タモリさんはお茶の間に向けて、良質な社会科の授業をフィールドワーク形式で行っているのです。

私の授業では、資料をひとつ提示して、①問いを持つ（〜は何だろう？）②仮説を立てる（もしかして〜なんじゃないか？）③検証する（〜だった！）④考察する（〜だと考える）というサイクルで授業づくりをすることが多いです。タモリさんは全国を歩きながら、このサイクルをクルクルと回しているのです。一問一答のクイズではなく、複数の視点（地理、歴史、公民）から知識を組み合わせ、自分なりの答えを導き出す。この思考が社会科のおもしろさなのです。

ぜひ、お子さんと一緒に「これはどうしてだろう」「もしかしてこんな理由があるんじゃないの？」と、問いと仮説を立てながら見てみてください。私も自分の子どもたちと一緒に見て、知的な楽しさを味わっています。

27

体育

生涯にわたり運動する喜びを

体育は昔から、好き嫌いが分かれる教科でした。とてもシンプルな話で、体育が得意な子どもは体育が好きになり、体育が苦手な子どもは体育が嫌いになる。運動神経という先天的なものに依存する度合いが高い教科でもあるのです。

でも「だからしょうがない」でいいのか？　と思います。私は小学校教員として、子どもが体育を嫌いにならないことを最重要事項にしています。体育の目的のひとつに、「運動の喜びを知り、運動し続ける習慣をもたらす」があると考え

るからです。

そのために、子どもが「それなりにできるようになる」「体を動かすのは楽しいと感じる」ことを心がけて指導しています。たとえば跳び箱では「向山式」という有名な指導法を用いて、まずは跳べるようにします。次に、チームごとに好きな音楽を選んでもらい、それに合わせて団体演技をしてもらいます。体を動かす気持ちよさと、音楽に合わせる心地よさ。これを鉄棒、マット、縄跳びでも活用しています。

家庭でできることもあります。跳び箱や鉄棒では、非日常な体勢に対する慣れが非常に重要です。なかでも「逆さ感覚」という、頭が下で足が上になる体勢には、人は本能的に恐怖心をおぼえます。すると筋肉がスムーズに動かずブレーキをかけてしまうため、逆上がりができないというシーンは非常に多いです。

そこで、幼少期から「高い高い」をしたり、脚をつかんでぶらさげたり、お姫様抱っこで大きく揺らしたりと、ちょっとやんちゃな遊びをしてあげるとよいでしょう。逆さ感覚に対する慣れがあれば、体育の技能獲得に非常に有利に働きます。まだ幼い子のいる方は、スキンシップを兼ねてぜひやってみてください。

28

体育

令和のニュー体育・アカデミック先生の授業

今、日本の体育教育に一石を投じ、革新的な提案をしている小学校の先生がいます。従来の体育は、スタート時点では鉄棒の逆上がりのような「できない」技や動きを、練習を通して「できる」に変えていく、まるで算数のように正解にたどりつかせるスタイルが一般的でした。しかし、その練習過程で味わう大きなストレスのせいで、運動へのイメージを悪くしてしまう子どもが後を絶ちません。

これを根本から見直し、「できる」範囲の運動だけでめいっぱい楽しむという新スタイルを確立したのが、ツイッターでは「アカデミック先生」として知られる小学校教師の小溝拓先生です。彼の体育の授業では、上達は楽しんだ結果のおまけでしかありません。簡単な動きで、いつまでも続けたくなるような、笑顔でのびのび楽しめるさまざまなゲームが用意されています。

また、全員が楽しめるためのルールづくりを、子ども自身に考えさせるのも大きな特徴です。ストレスを感じない楽しい運動で心が満たされ、ルールづくりや作戦会議で子ども同士のコミュニケーションも増えます。

たとえば、跳び箱ではマットや肋木《ろくぼく》などと組み合わせたアスレチックコースをつくり、何度も周回させます。手のつき方など一部にだけ条件をつけ、あとはどう回ろうが自由。自分なりのやり方で恐怖を感じないようにできたり、新しい跳び方を編み出す子がいたりと、楽しみ方が広がります。

子どもが楽しく運動するためには、それを見守る大人が笑顔でいなければなりません。「体育教師＝厳しい」という昭和のイメージは、もう１８０度変わるべきです。アカデミック先生の体育を受けた子どもたちは、体育嫌いが見事にゼロなのだとか。日本の体育に早くこの考えが浸透することを願っています。

29

体育

日本は「保健」教育後進国

「体育」という教科は、正式には「保健体育科」と称されています。体育には保健の授業も含まれるのです。

授業で黒板に男女の裸のイラストが貼られて、キャーキャー教室がわいたという記憶があるかもしれません。今でもそんな状態が続いています。ただ、保健の内容は人生を左右しかねない重要なもの。キャーキャーで済ませてよい授業ではないのです。

民族的な背景なのか、日本は性教育の後進国です。海外ではコンドームの使い方やアフターピルによる緊急避妊にいたるまで、真剣に実用的な授業が行われています。その一方日本では、かなり浅いところまでしか扱わず、性交渉にも詳しく触れません。子どもたちは不確かなネットの情報に頼らざるをえず、その結果望まぬ妊娠など問題は絶えません。

子どもたちの体と心を守るために、大切な情報は学校の保健体育でしっかりと教えるべきだと考えます。けれど、授業で扱う範囲は国の指導要領によって規定されており、なかなか思うようにできないのが現状です。

加害者、被害者になる子どもが出ないように、学校で教えきれない部分をぜひご家庭でフォローしていただけると幸いです。今は子どもにもわかりやすい、性教育に関する本がたくさん出ています。話しにくければ、そういった本を与えてあげるのもひとつの手です。思春期に入る前の小学生のころに話すと、子どもも「そういうものなんだ」と照れずに自然と受け止めやすいようです。

30

図工

自分だけの見方を価値づける

図工は子どもに人気の教科です。工作をしたり絵を描いたりと、遊び的な要素が多いことが要因だと思いますが、体育と同様に得意不得意で好き嫌いが分かれがちでもあります。

「上手につくって」と言われたら、子どもはどんなイメージを持つでしょうか。多くの場合、「リアルに」という答えに行きつきがちです。

けれどその価値観は現代において正しいのでしょうか。19世紀の画家ドラローシュは、写真の発明を受け「今日を限りに絵画は死んだ」と口にしました。要するに、19世紀の時点でリアルな絵を描くという図工のゲームは終わっていたのです。機械や他人にはできない、「自分だけの見方」を働かせた作品づくりにこそ価値があると私は考えています。

図工の単元に、実在しない花を想像して描く「まぼろしの花」というものがあります。ただこれは、自由度が高すぎてかえって難しい、まあまあな無茶ぶりです。そこで「対比となる2つの花を描く」と制限を与えてみました。すると子どもたちは自分だけの見方を働かせ、「炎と氷の花」「過去と未来の花」「机とイスの花」など非常に創造性のある花を描いてくれました。

小さい子どもはお絵描きが大好きです。けれど次第に、周りとの比較によりその気持ちが削られていきます。一部の上手な子は賞賛を受けますが、そのほか普通の子はおもしろくなくなってしまう。大人は上手な子だけをほめるのではなく、その子だけの見方を働かせて描いた行為そのものを認め、価値づけることが大切だと考えています。

31

図工

令和のニュー図工・岩本紅葉先生の授業

岩本紅葉《もみじ》先生という、日本の図工教育のトップランナーがいます。2020年に教育界のノーベル賞とも言われる「グローバルティーチャー賞」のトップ50にも選ばれた彼女の授業は、本当にすごい！

まずピアニストの演奏を聞いて、連想するイメージを絵にします。そしてその絵をデータ化し、演奏とともにスクリーンにプロジェクションマッピングで投影するのです。

音楽という目に見えないものを絵で表現し、光で出力するというアートなこの授業。確かな答えがないものに、自分だけの見方を働かせてその子だけの答えを出す。アートの本質に迫る創作活動だと考えます。

岩本先生の授業を何年も受けた子どもたちに、「図工ができるようになったか？」という自己評価アンケートをとったところ、100％が「自分は図工ができる」と回答したそうです。思春期に入る高学年になると、自分の能力を客観視できるようになります。得意不得意が明確に見えやすい図工では、「自分はできない」と感じる子が出てくるのは不可避。それを岩本先生は、ICTを効果的に用いることで、「ただ上手な作品を目指す」授業から脱却させ、子どもたちを楽しませながら図工の本質へと導いたことは、図工の授業観の変革への大きな一歩となったと感じます。

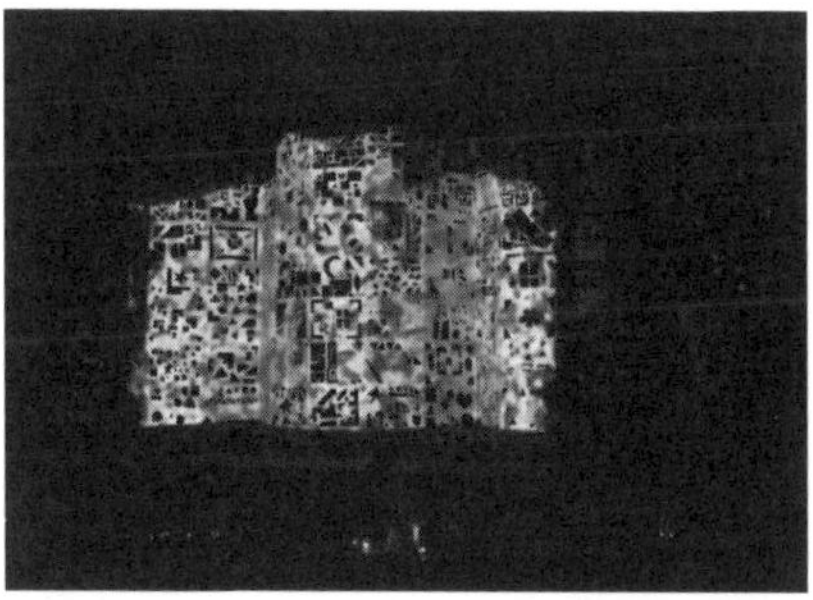
プログラミングで子どもたちが使ったデジタル作品を投影して、プロジェクションマッピングにしている様子。

32

英語

「身だしなみ」としての英語力

近年、自動翻訳技術の進歩はめざましいものがあります。正直なところ、スマホさえあればどの国に行っても日常会話に困らないかもしれません。ためしに、グーグル翻訳で適当な日本語を話してみてください。驚くほど正確に英語にしてくれるのを体感できると思います。

また「DeepL《ディープエル》」というサービスは、正確に翻訳してくれると評判でさまざまなビジネスシーンで使われています。小学校の英語の授業でも、これを使って自分がスピーチしたい内容を英訳する、といった使い方をしています。

では、もはや英語を読み書きしたり、話す力は必要ないのでしょうか。答えはNOです。グローバルな視点で考えたときに、英語が話せないことは「信用」という面で不利になりうると考えています。

私はマイクロソフト認定教育イノベーターでもあるので、マイクロソフト本社からのメールが来ます。当然英語です。暗に、「英語くらいは読めて当然」というメッセージが込められていると感じます。

そして自動翻訳は日常会話は大丈夫でも、専門的な用語に対してはまだまだ脆《ぜい》弱《じゃく》です。教育者向けの専門的なことを学ぶ「Microsoft Learn」というサイトがあるのですが、これを自動翻訳すると非常に違和感のある日本語になってしまい、何を言っているのかよくわかりません。

テクノロジーの進化により話せることの重要性は下がってはいるものの、同時にグローバル化が加速して「英語が話せるのは当たり前」という空気感も強まっているのです。自動翻訳では、気軽な雑談や親しいコミュニケーションがスムーズにいきませんしね。

33

英語

小学校で学ぶ英語

小学校で必修となった英語について説明します。
3年生から週1回の「外国語活動」、5年生からは週2回の「外国語」という教科として学習します。「外国語活動」は道徳と同じように指導者による所見で、「外国語」は算数国語と同じように「◎○△」や「1～5」の評価になります。
「外国語活動」では、聞くこと、話すこと（やりとり）、話すこと（発表）の3つの領域において、音声面を中心に学びます。まずは英語に親しむため、遊びの要素が多く取り入れられます。

「外国語」になると、読むこと、書くことを加えた5つの領域で教科として学んでいきます。体感的には、ここから難しくなっていくでしょう。おそらく保護者がかつて中学2年生くらいで学んでいたレベルの単語や会話が出てきています。たとえば小5でnever／sometime／alwaysといった、「頻度」に関する単語を習います。大人でも「うっ」と身構えそうな単語もホイホイと出てきます。

実は、小学校で英語を教え始めた影響を大きく受けているところがあります。それは中学校英語、とりわけ中学1年生を担当する英語教員です。その原因は、「小学校でこれだけ習ったんだから、中1ではこれぐらいいけるでしょう」という文科省の見立てと現実とのギャップにあります。

小学校では先述のとおり、さまざまなゲームを取り入れながら遊び感覚で英語を学んでいます。高学年では単語を書くような活動もありますが、それは見本を見ながら写す程度です。それにもかかわらず、中学校ではあたかも「小学校で習った内容はみんなマスターしている」という前提で学習が進んでいくとか。

小学校で英語が始まる以前なら、中1の最初は「アルファベットに親しもう」

という単元で、ＡＢＣを書くところからスタートでした。しかし、現在ではいきなり自分の名前を「Yoshiaki Sakamoto」、自分の好きなことを「I like music.」と書かせるようです。

年々レベルが高まっている英語事情ですが、家庭でできることもあります。

ひとつは、日常的に「英語ならどう表現するのか？」という会話をすることです。dogやcatからスタートし、身の回りのものをある程度英語で言えるようになると自信につながります。英語かるたで遊びながら学ぶのもおすすめです。

もうひとつは、ネイティブのような発音をすることに対する抵抗感をなくすこと。多くの方が、英語を「受験英語」として読み書きし、発音はジャパニーズイングリッシュになりがちなのではないでしょうか。その結果、英語圏での日常会話がまったく聞き取れず、そして話すこともできないという日本人が大量に生み出されてしまったという事実があります（私もそのひとりです）。

ジョン万次郎はアメリカに渡った際（厳密に言うと漂流しているところを助けられて不可抗力的にアメリカに行かざるをえなかった）、独学で英語を学ぶ中で、聞いた音そのままをひらがなでノートに書くということをしていたそうです。たとえば「水わーた」というように。

これを1回カタカナ英語の「ウォーター」としてしまうと、聞くときも話すときも大きな支障をきたします。

ともすると、ネイティブ発音を笑うような風潮まで学校には存在します。気取っているように聞こえるのでしょう。そのような悪習をなくすためにも、恥ずかしがらずにネイティブな発音で話すことを家庭でも挑戦してみてください。最近では英会話アプリもたくさんあり、発音が採点されるものもあるので、ぜひご活用ください。

34

英語

世界が認めた小学校英語の「マインクラフト」授業

教育界のノーベル賞と言われる「グローバルティーチャー賞」で2019年、立命館小学校（京都）の正頭《しょうとう》英和先生が世界のトップ10に選ばれました。マイクロソフトの「マインクラフト（マイクラ）」を使った英語の授業が、世界で大きな注目を集めたのです。

マイクラとは世界でも人気のゲームで、レゴのようにブロックを積み上げて家を建てたりすることができます。これを用いて京都の観光名所をゲームの中で再現し、英語での紹介を交えてＹｏｕＴｕｂｅで世界に発信するという授業を行ったのでした。ゲームの中では、来た人を自動案内してくれるロボットもプログラミングを用いて制作されています。

この授業の発端となったのは、「日本に来られない外国人のために、京都を案内できるものをつくりたい」という子どもの願いでした。このような学びの形は、ＰＢＬ(Project Based Learning/問題解決型学習)と呼ばれます。ＰＢＬの土台の上で、海外の学校と英語で交流したり、ロボットをつくるなど自主的で協働的なスキルが磨かれるようデザインされたこの授業は、「英語の授業」という枠組みを大きく飛び越えて評価されました。

ゲームというとマイナスイメージを持たれることも多々ありますが、そのゲームをツールとして子どもたちの活発なコミュニケーションを生み、学びへと没頭させられる例もあるのです。

35

総合

「総合的な学習の時間」とは何ぞや

「総合的な学習の時間（以下「総合」）」という授業が、3年生以上で週に2時間設定されています。保護者のみなさんが子どものころにはなかった授業ではないでしょうか。

学校は、何かと〝答えのある〟知識を詰め込む場になりがちです。しかしそれでは社会でじかに役立てることのできる実践的な学習につながりにくい、という問題が生じます。そこで、答えなき問題にチャレンジするような、探求的な学習をするシーンをつくろうと創設されたのが「総合」なのです。

総合では、①課題の設定 ②情報の収集 ③整理・分析 ④まとめ・表現、のサイクルを何度も回す形が理想的です。この営みは実は、ある程度裁量を委ねられた仕事をしている人なら毎日回しているサイクル。このような力が、小学生のうちからつけられたらいいですよね。

とはいえ、例のごとく学校現場にはとにかく余裕がないので、なかなかそこまで手が回らないのが実情です。学んだことを新聞にして掲示しておしまい、というやっつけな総合になりがちであり、私も過去はその道をたどっていました。

しかし最近、私はこの総合を重要視しています。たとえば現在、「地域の商店街を活性化させるためにできることは」という問題解決をテーマに学習を進めています。地域の特色を生かした祭ならどんなものがいいか？ と考え、実際に市の関係者にプレゼンをするというプロジェクトです。

本来は、極めてクリエイティブな授業を展開できる可能性を秘めているのが「総合」なのです。

COLUMN

2

卒業式をプロジェクト化した子どもたち

ある年の３月、私が受け持っていたクラスを含む６年生（124人）の子どもたちは、自分の卒業式を秘密裏につくり上げました。リーダーの子が主体となって、子ども主体のサプライズプロジェクトを立ち上げたのです。それは、通常の卒業式が終わったあとに展開されました。学校行事の中でも最も厳かな卒業式という場で、しかもこの大人数を動かしての企画は、普通では考えられないものでした。

一般的な卒業式は、お世話になった先生や保護者に対する呼びかけや歌などで構成され、感動のフィナーレを迎えるのがお決まりですよね。でもこれって、全部教師が計画したものです。子どもたちはただそのレールに乗っているだけということは否めません。

ところがその日、通常の卒業式を終えて退場したあと、再び体育館へと誘導されました。私のクラスのやんちゃくんが「まだまだ卒業式は終わらないぜ！」と雄たけびを上げたかと思うと、124人がワーッと紅白幕をまくり上げ、体育のひな壇に駆け上っていきました。そして子どもたち自身で考えた呼びかけを放ち、学年のテーマソングであった「終わりなき旅」を歌ったのです。

私は不思議と、涙は出ませんでした。おそらく、感動より誇らしさが勝ったのだと思います。与えられる卒業式から、自らつくり上げる卒業式へ。子どもの主体性が高まると、行事のハンドルも子どもが握るようになっていくのです。

3 時間目

令和的・小学生の
トラブルとの
付き合い方

36

お金のトラブルは昔と今で様変わり

昔の「学生のお金のトラブル」と言えば、「おごった」「借りた」「カツアゲ」など目に見える現金での話でした。私の子どものころは荒れている中学校が多くて、こんなトラブルはよくありましたし、怖い先輩もたくさんいたものです。

しかし近年では、その様相が一気に変わりました。数年前にスマホでパズルゲームが大ブームとなり、そこで〝課金〟という行為が一般化したのです。

現金であれば、手元に持っている以上のお金は使えません。けれどスマホや

ネット上での課金は、手持ちがなくても簡単にできてしまいます。子どもが親のクレジットカードをこっそりと登録し、いつの間にかとんでもない金額が使われていたというトラブルが全国で多発しています。

また最近では、ライブ配信をしているインフルエンサーに〝投げ銭〟をする、という文化も生まれました。お金を払うことで、その憧れの配信者に名前を呼んでもらえたり、感謝されたり、質問に答えてもらったりできるのです。

こうして、手持ちの金額と関係なしにお金を使うことができる課金や投げ銭は、保護者のみなさんにとってカツアゲよりよっぽど怖い存在かもしれません。

今後も、こうしたトラブルが起こる可能性のあるツールは増えていくでしょう。大切なことは、日頃から子どもにお金の尊さを伝えること。お金を稼ぐのがどれだけ大変なことか、親がどれだけがんばって働いて得ているものなのか、そのお金の量感を肌感覚で理解させることが重要なのです。お手伝いをしてそれに応じて少額のお小遣いを渡す、という昔からある方法でも、十分効果があると思います。

37

スマホのメッセージアプリの使い方には要注意

日本において、ＬＩＮＥなどのスマホで使うメッセージアプリは完全に市民権を獲得し、もはや使っていない人のほうが珍しいというレベルで生活に浸透していますし、とても便利なものですよね。ただその半面、子どもたちの間でトラブルに発展してしまうこともあります。

実際に、放課後や休日に起こる子どもたちのトラブルは、こういうアプリ絡みが多いことを感じています。親からは見えないところで「仲間外れ」「誹謗中傷」

などが展開されることがあり、それが深刻ないじめへとつながるケースも少なくありません。アプリをきっかけとして起きたトラブルで、保護者が学校に相談に来るというシーンが全国でかなり増えているそうです。

スマホ上で見る文字だけで、気持ちをすべて伝えるのは難しいものです。実際に顔を合わせての会話なら、表情や声色といったさまざまな要素をコミュニケーションに含めることができます。文字、絵文字、スタンプだけでは伝えたい気持ちと相手のとらえ方にズレが生じ、関係がギクシャクするのがよくあるパターンなのです。

またスマホのやりとりは、相手の顔が見えない分、罪の意識が弱まります。集団で一人をいじめている状態でも、「いじめている」という意識が生まれづらいのです。こういうことがきっかけで自殺に追い込まれた痛ましい事件も起きてしまっています。

スマホはとても便利ですが、そういう怖い一面もあるのです。親がスマホの内容を確認するというルールにするなど、しっかりと使い方を話し合い、保護者のみなさんは「トラブルが起きるかも」と心にとめながら与える意識が大切です。

38

「功」も「罪」も大きいゲームの世界

「マインクラフト」「どうぶつの森」などは、今の子どもたちに人気のゲームです。私が子どものころも人並みにゲームを楽しんでいましたし、それによって友人関係ができたという実感もあります。

子どもが自由に遊べる場所が減ってしまった今はとくに、オンライン上で遊ぶ時間が増えるのは必然です。完全に「ゲームなし」とするのは、その点において一定のリスクがあるかもしれません。とはいえ、与えるゲームソフトは見極めることが大切です。

5年生の社会（工業）の授業で鉄鉱石が出てきたときに、「マイクラ（マインクラフト）で使ったから知ってる！」と声が上がることも。ゲームを介してさまざまな知識にフックがかかるようです。

一方で、トラブルが多いのも事実です。FPS（操作する人の視点でプレイできるシューティングゲーム）は、子どもたちにも大人気。私も過去、この類のゲームにはまって1日何時間もオンラインで没頭していた時期があるので、そのおもしろさはよくわかります。ただ、言葉を選ばず表現するならば、このような「殺し合い」のゲームは極めて暴力的な表現が頻出します。だからこそ推奨年齢は15歳以上となっているのです。

そのあたりをあまり理解しないまま子どもに与えて、トラブルの加害者もしくは被害者になってしまうケースは後を絶ちません。そして家庭でのゲームでのトラブルが学校に持ち込まれケンカとなり、人間関係に悪影響をおよぼす事例も多発しています。そこまでのリスクを負うようなゲームをわざわざやるなんて、と考えてしまいます。

39

ブラック校則は意味がない

「学校の校則がやたらと厳しい」問題は、昔からありました。ここ数年、そのことが大きく取り上げられ、問題視されるようになっています。主に中学校と高校で問題になることなのですが、小学生の保護者のみなさんにも知っておいていただければと思います。

よく話題になるのは、髪型についてです。「ツーブロック禁止」の学校に通う男子生徒が、ＳＮＳに「これで指導されるのは納得がいかない」と投稿する、といった例は枚挙にいとまがありません。女子生徒の髪を結ぶ位置が厳密に規定されていたり、生まれつき明るい髪色をした子は、「地毛証明」を提出しなければいけないなどというルールも。

髪型を細かく規定するのは、子どものためでもなんでもありません。学校の世界では、何かと〝そろっている〟ことに大人が安心しているだけです。子どもの人権をさしおいて無意味なルールを強要することは、さすがにこれからの社会が許さなくなるでしょう。

2022年、文部科学省が出す「生徒指導提要」（生徒指導の指南書のようなもの）が12年ぶりに改訂され、「時代錯誤な校則はもうやめときましょう」といった表現も追加されました。よって、前述したような問題校則は、だんだんと解消に向かっていくと予測しています。

ブラック校則は、誰もハッピーにしません。子どもにとっては窮屈だし、自分で考える意欲をそぐようで教育的にもよろしくない。教員にとっても、細かい基準を設けて、そこから逸脱した生徒を見つけて、指導する――そんなことより、大事なことがあるはずです。

40

持ち物の決まりごとを考える

小学校でも校則とまでいかずとも、「キャラクターがついている文房具はダメ」「派手な柄のものはダメ」と、持ち物に細かい規定を設ける学校もあります。担任教諭がそういう主義であることも。私は、「お気に入りのノートや鉛筆のほうがやる気が出るでしょ」というスタンスで、完全に子どもにまかせています。

たとえばノートなら、年度の初めに配るもの以外は、デザインはもちろんマス目も行も子どもと保護者におまかせ。同じ学年の子どもでも得意不得意はそれぞれ違いますし、書きやすさもそれぞれに合ったものでいいのです。

デザインにしても、強制的に「あんまり好きじゃないな」というデザインのものを使うより、自分の大好きなキャラクターのノートのほうがよいでしょう。

ただひとつだけ、保護者のみなさんにお願いしたいことがあります。文房具として「質のよいもの」を持たせてほしいのです。消しづらい消しゴム、ちびた鉛筆では、学習に支障をきたしますし、余計なストレスを与えることなく集中させてあげたい。品質の高い文房具メーカーの「カドのある消しゴム」や「長さのあるえんぴつ」を持たせてください。

私の肌感覚では、「筆箱の充実度」と「子どもの学力」には一定の相関関係があります。書くことが苦手な子は、貧相な文具環境であることが多い。もともと苦手なうえに、書きにくい環境にあるという負のスパイラルができてしまっています。

筆箱の中を最高の状態に保つことで、環境を整えて子どもをサポートしてほしいというのが現場からのお願いです。週に1回程度は筆箱の中身を確認してあげてください。

41

テストの採点をめぐるトラブル

SNSを見ていると、わが子のテストの採点に納得がいかずに写真を撮って「晒《さら》す」という形で鬱憤《うっぷん》をはらすというか、世に問うというか、とにかく怒っている保護者の投稿をよく目にします。そして多くの場合その保護者の主張は正しく、教員の対応が間違っています。

以下に、そのパターンを整理してみました。もし子どものテストの採点がこれらのパターンに適合して不正解とされていたなら、こちらをもとに学校と話してみてください。ツイッターにアップするよりも、プラスに働くはずです。

①漢字のとめ・はね・はらい

これはベテランの先生に多いのですが、過度に漢字の「とめ・はね・はらい」をチェックしてバツをつけるパターンです。

ところが、文化庁による「常用漢字表の字体・字形に関する指針」によると、漢字の正誤の基準について「骨組みが過不足なく読み取れ、その文字であると判別できれば、誤りとはしません」と明言されているのです。すなわち、ヒステリックに「はねてない！」と不正解にするのは間違った対応なのです。

もちろん、とめ・はね・はらいがちゃんとできているとベターで

縦画の終筆をはねて書くことも
とめて書くこともあるもの

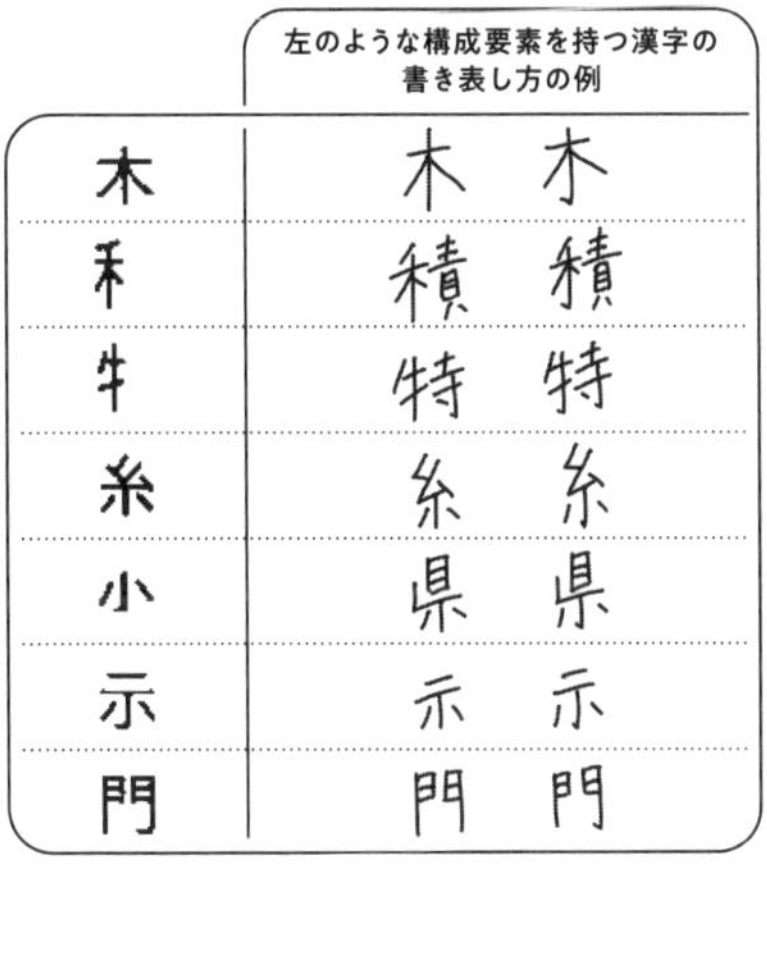

	左のような構成要素を持つ漢字の書き表し方の例	
木	木	木
禾	積	積
牛	特	特
糸	糸	糸
小	県	県
示	示	示
門	門	門

す。子どもが自分の意思で「よりきれいな字を書きたい」と願ってとめやはねを意識しているのならすばらしいことです。しかし、大人が過度にそれを強要するのは不適切だと言えます。これもよくある事例ですが、子どもが宿題でやった漢字ノートを赤ペンでとにかく直しを入れまくるパターン。そしてテストなどでとめ・はね・はらいができていないために全部バツになる。そんなことをやっていたらその子どもはやる気を失ってしまって当然です。

②かけ算の順序問題

かけ算の文章問題の式において、「かける数」「かけられる数」の順序に固執し、答えが合っていてもバツとしてしまう先生は多いです。

けれど数学的には3×2も、2×3も答えは同じ6。交換法則と呼ばれ、「3個のドーナツを2人に配る」も「2人に3個のドーナツを配る」も同じです。ただ算数の教科書で「3個のドーナツを2人に配る」という形で記載されているがために、順序が違うとバツにしてしまう先生がいます。

まあ、感覚的にわからないことはありません。500円の税込み価格を計算する場合、「500×1・1」と電卓を打つ方が多いと思います。けれど反対にしても答えは同じで、間違いではありません。長方形の面積を求めるときも、縦×横であろうが、横×縦であろうが両方正解です。

話は少し飛びますが、オリンピックの陸上リレーの表記はおもしろいですね。100mを4人で走るので、算数の教科書的には「100m×4リレー」です。けれど実際は「4×100mリレー」とされています。グローバルな視点で見ればかけ算の順序問題なんていうのは瑣末《さまつ》なものなのですが、学校現場では妙にこだわってしまっている現状があるのです。

42

小学生の永遠の課題・忘れ物にどう対応する

子どもはとにかくよく忘れ物をします。もちろん頻度は子どもによりけりですが、これって当たり前のことなのです。

たとえば6歳児に50mを10秒以内で走れと言っても、なかなかできません。けれど12歳になるころには、余裕で10秒を切るでしょう。これは本人の努力どうこうの話ではなく、発達によるものです。言われてみれば当たり前だ、と感じるのではないでしょうか。

子どもの忘れ物も同じなのです。しょっちゅう忘れ物をする子だって、だんだん減っていきます。大人になるころには、ちょっとしたうっかりはあったとしても、大事なプレゼンがある日にパソコンを忘れるようなことはしなくなります。

だから保護者は、発達段階がまだ「忘れ物をしない」に達していない子どもを手助けしてあげればよいのです。「忘れ物をしてはいけません」という声かけは、6歳児に「50mを10秒以内で走れ」と命じているのと同じことです。

忘れ物による悪影響は大きいもので、とくに実技科目である音楽や体育での忘れ物は避けたいところ。リコーダーや体操服を忘れてしまえば、1時間を棒に振りかねません。また、忘れ物を繰り返すことで何度も叱られて自信を失ったり、周囲からレッテルを貼られるといったリスクもあります。

「忘れ物をして困った経験をさせることで改善させる」という方法をとる声も聞こえてきますが、マイナスを生むばかりだと思います。まずは忘れ物で困ることのないよう大人がフォローすることが大切です。大丈夫、子どもは自然と育っていくものです。

43

反抗期を恐れすぎないで

思春期にさしかかる4年生くらいから、「反抗期」で困るという保護者の悩みが出てきます。そんな保護者の方でも、振り返れば自分にそういう時期が大なり小なりあったのではないでしょうか。反抗期というのは、子どもから大人へと心が成長するステップで、ほとんどの親にとっては、避けては通れない道。

私が見るに反抗期には3つのパターンがあります。

まず「家ではひどくて……学校では大丈夫でしょうか？」という、家庭では反抗するが、学校（外）では反抗しないパターン。これはいたって健全です。家での対応は大変でしょうが、心配する必要はありません。

次に家では親に、学校でもちゃんと教師に（まあ、ないほうがいいですが）、反抗するパターンです。ある意味では、自分の考えを押し殺すことなく大人に伝えられているわけですから、よしとしましょう。あまりに度が過ぎて人に迷惑をかけるような場合は問題になりますが、多くの教員はそんな思春期の子どもの気持ちを理解し、許容します。

そして家庭では反抗しないが、学校では反抗する、これが最も厄介なパターン。家庭で極端に厳しくしつけられ、家でまったく我を出せず、学校で暴発しています。これは学校でどうこうできないので、心配です。家は本来、心の安全基地です。学校よりも安心できる場であるはずです。それが成立していないとなれば、問題は大きい。家では子どもをリラックスさせてあげて、大きな愛で接してあげてください。

反抗期はずっと続くものではなく、一定の期間を過ぎれば、ちゃんと親の元へ心が帰ってきます。

44

すねる子への接し方とコミュニケーション

小学校教師として、問題行動を起こす子どもとのコミュニケーション術についてお話ししたいと思います。スペースも限られているので、ここでは「すねる子ども」というワンシーンを取り出して考えましょう。

すねる子どもに対して、どんなアクションを取るか。私は意外なほど冷たくて、学校でもわが子でも変わりません。子どもが「すねる」目的は、思いどおりにいかなかったことを思いどおりにいくように大人へアピールすることが多いです。もし、ここですねる子に対して優しく接したり、要求をすべて受け入れると どうなるでしょう。その子どもは「しめしめ、すねたら自分の思いが聞き入れて もらえる」と学習します。これを負の強化と呼びます。

そうすると、その次のシーンでも同じようなことを繰り返すでしょう。このよ うにマイナスの行動をしているのに、プラスの結果をもたらすことを誤学習する ことは望ましくありません。

すなわち、すねる行動をしても自分にプラスにならず、マイナスになって返っ てくる「すね損」になることを学習すれば、そういった行動は減っていくことが 多いです。これを負の弱化と呼びます。意図的に冷たく接する理由が、それはい い結果をもたらさないということを学習させることを狙っているのです。

そして、前まですねていたようなシーンですねずにがんばれていたら、そこを しっかりと褒めます。

「すねない」ということはプラスの行動です。このときに大人に評価されること で、次もそうしようとなれば良いですよね。これを「正の強化」と呼びます。負 の弱化と正の強化を意識し、子どもをより良い方向へ導いていきましょう。

45

どうする？　不登校問題

不登校問題は昔から続く、大きな問題です。最新の調査では24万人の子どもが不登校だそう。これが子どもにもたらすリスクは計り知れません。学校で勉強できないことによる学力の低下、友だちとコミュニケーションが取れないことによる友人関係の消失、そして「学校に行っていない」という事実による自己肯定感の喪失など、問題は多岐にわたります。さらには、子どもをみるために保護者も仕事に行けなくなるなど、家族全体に影響をおよぼしてしまいます。

文部科学省の調査を読むと、原因には「親子の関わり方、無気力や不安、生活の乱れ、学業不振」と書かれています。これらは悪い意味で相互に関連し合うので、負の連鎖につながりがちです。

よくあるのが、問題の根源にスマホがあるパターンです。子どもが夜じゅうスマホをいじってしまい、生活が乱れるというもの。TikTokなどはアルゴリズムで興味を持ちそうな動画を際限なく流し続けるので、そうなりやすいです。または、スマホのメッセージアプリが原因で友人関係が壊れたり、学校外のよろしくない人間関係に巻き込まれ、不登校につながるケースもあります。

ただGIGAスクール構想により、授業の形は大きく変わりました。黒板とチョークによる一斉授業には参加できなかったけれど、タブレットを使ったクリエイティブな授業なら行きたいと思える子どもたちがいます。

不登校の解決問題は、われわれ学校のプレイヤーの宿題でもあります。私は、ICTでの授業イノベーションを進めることで、解決に導きたいと考えています。

46

令和型の学級崩壊

「学級崩壊」という言葉が、世間でも一般化されたように感じます。これが起きると、本当に誰も幸せになりません。そしてこの学級崩壊、保護者が崩壊に加担しているパターンが少なくないのです。

起きるまでのロジックは以下のとおりです。

①子どもが指導者に不満を持つ

②次に子ども同士で不満を言い合う

③家庭でも不満を言い、保護者がそれに同調する
④指導者に不信感を持った子どもたちがより反抗的な態度になる
⑤もはや指導が入らず学級崩壊にいたる

事実、指導のあり方や方法が悪いということはあると思います。「担任を交代させて」と感情的になる保護者の気持ちもわかります。しかし先述のとおり、日本の学校は慢性的な人手不足です。指導者を責め立ててうつ病で休職させるようなことになっても、代わりがいないようなこともザラにあるのです。

保護者のみなさんにお願いしたいのは、③「保護者が同調する」の前に、学校にポジティブなアプローチをしてほしいということです。担任に「協力するよ」という声をいただけるだけでも涙が出るほどうれしいものです。不満に同調して学級崩壊にいたれば、学力が落ちるのはそのクラスの子どもたちです。いじめも多発するようになります。誰も幸せにならないのです。

傷口が小さいうちに、問題をひとつひとつ解決していき、クラスを軌道修正できるに越したことはありません。

COLUMN 3

「学力テスト対策」化する、学力テストの実情

「全国学力テスト」をご存じでしょうか。正式名称は「全国学力・学習状況調査」と言い、全国の小学６年生と中学３年生が受ける、文部科学省実施の大々的なものです。

調査結果は毎年メディアで報じられ、どこの自治体が１位だなんだとわりとセンセーショナルに取り上げられます。すると生じたのは、「うちの自治体の学力が低いと思われるわけにはいかない！」と過度な学力テスト対策を行うたくさんの学校。子どもの学力調査のはずが、いつしか教師に対する「学力テスト対策力」のテストのようになっている側面がありました。

実際のテストにそっくりな問題を子どもたちに大量に取り組ませるという手法が横行し、そこに費やす時間のためにほかの活動を圧迫する事態となり、それが明るみに出てメディアにたたかれるという茶番劇が繰り広げられています。

もう一度、テストの正式名称を見てみましょう。「状況調査」とあります。それなのに自治体の威信をかけた学力バトルになっているのです。

繰り返しになりますが、ペーパーテストで測れる力は極めて狭い範囲のものです。教師も親もその結果に一喜一憂することなく、子どもたち一人ひとりを見て成長や思いに寄り添っていたいと思うのです。

4 時間目

小学校での「〇〇育」の最新事情

47

新しい食育・「必ず全部食べる」の時代は終了

かつての小学校では、給食の「完食指導」が当然でした。「お残しは許しまへんで」の精神で、給食時間が終わっても、昼休みが終わっても、下手をしたら5時間目が始まっても完食するまで子どもに食べさせるというシーンがあったのです。

これは「完食がすばらしい」という妙な価値観に支配された、教員のエゴに端を発しています。さすがに現在ではそれは許されません。もし掃除時間まで給食を食べさせるような対応をすれば、今はあちこちからバッシングを受けるでしょう。

それでもこの価値観は実はまだ残っていることがあり、無理に完食を目指させる学級の風潮をつくる先生もいます。「食べられる子が正義で、食の細い子は悪」というレッテルが子どもによい影響をおよぼすはずがありません。体質も食欲もそれぞれです。もちろんバランスよく栄養をとれたほうが子どものためにはいいのですが、やりようがあると思うんです。

たとえば、「今日の魚にはみんなの頭をよくしてくれるDHAがいっぱい入ってるよ」とお話しする。そのメニューのよさを伝えることで、不人気おかずの残食を減らそうというアプローチはすてきですね。こういう豊かな食の心や態度を育てる「食育」も、今の教員に求められるスキルのひとつだと言えます。

ただ、給食をきっかけにして食わず嫌いだったものを克服した経験がある方も多いのではないでしょうか。何でも残していいというわけではなく、「一定の量を食べないといけないという思い」が、子どもの豊かな食生活につながるという視点も大切かもしれません。

48

親世代にはわかりづらいプログラミング教育

小学校では、２０２０年度にプログラミング学習がスタートしました（ただし学習する学年は決まっていません）。授業では主に、「Ｓｃｒａｔｃｈ《スクラッチ》」など無料のプログラミングソフトが使われます。たとえば5年生の算数では、プログラミングを用いて正多角形を描く学習があります。世間からは、将来プログラマーになるとは限らない子どもたちにそんな勉強をさせて何になるのか、という疑問の声も上がってきているようですね。

結論から言うと、プログラミングの技能ではなく、「プログラミング思考を学ぶこと」がこの学習の大きな目的です。

世の中に存在する多くのものには、プログラミングの技術が取り入れられています。自動お掃除ロボットを例に挙げると、「落ちそうな段差は回避する」「時間になったら掃除を始める」などのプログラムが組まれています。製品になるまでには度重なる試行錯誤があり、PDCAサイクルが何度も繰り返されてきました。PDCAとは、Plan（計画）→Do（実行）→Check（評価）→Act（改善）のことで、これを繰り返すことで継続的にものごとを改善し続けていきます。この思考錯誤を行う営みにこそ、価値があるのです。

以前クラスでScratchを少し使ってみたところ、一部の子どもは自発的に本で調べてどんどん技術を磨き、ほんの3カ月でまるで市販されているようなシューティングゲームをつくってしまいました。「1教えたら1万できるようになった」、そんな感覚です。親が思っている以上に子どもは柔軟に学びます。変に気負って「プログラミング教室に通わせなきゃ」なんて思う必要はまったくありません。

49

LGBTQ教育と変わりゆく性別観

「ジェンダー」という言葉が市民権を得て久しくなりました。ジェンダーとは、生物学的にではなく社会的・文化的に構築された性差です。男子だから強くあらねばならない、女子は家事が得意なはず、といった価値観の押し付けに疑問を持って当然の世の中になってきました。

学校でも、さまざまなシーンで変化が起きています。男女ともに制服が同じデザインになったり、ズボンかスカートか選択できたりする学校が増えてきまし

た。名簿番号も男女混合になり、名前には男女ともに「さん」付け。不必要に男女を分けることは減ってきています。

ここまで便宜上「男女」という言葉を使いましたが、世界ではいくつの性別があるかご存じですか？　今、フェイスブックのプロフィールではなんと58種類もの性別から選択ができるそうです。ＬＧＢＴＱをはじめとした性的マイノリティの方が自己開示をしやすい世の中に、だんだんと向かっているのがわかります。

一見自分とは関係のない話に思う方も多いと思いますが、開示していないだけで人口の10％前後が性的マイノリティだというデータが複数確認されています。すなわち、30人学級では3人の子どもが、今この本を読んでいる方が１００人いるとしたら、（全員一人っ子と仮定すると）そのうち10人の方の子どもがその立場にあるということです。

学校や教員の理解も、年々深まってきています。もしわが子の性別等について相談したいことがあれば、遠慮なく相談してみてください。宿泊学習のお風呂など、心の傷を負うことのないよう配慮することもできると思います。

50

日本の学校でおざなりだった金融教育

「金融教育」と聞いても、イメージが湧かない保護者の方が多いのではないでしょうか。思い出してみると、われわれ大人は子どものころに学校でお金の教育をほとんど受けていないので、それも仕方ないことかと思います。

日本では以前から、「貯金こそ正義」という風潮が強くありました。過去に、国の主導で「どんどん貯金して」というキャンペーンをしていたことが大きいでしょう。ただそれは、金利が7％(!)、100万円の貯金が1年後には自動的に

107万円になった時代（30年以上前のバブル期）の話です。それが今や、金利はすずめの涙どころか、0・01％など水分子レベルの小さな小さなものになっていますよね。

そして2022年、世界的なインフレが起きているのにもかかわらず、日本だけが低金利を維持する政策を行いました。その結果ドルとの金利差が開き、「持っているだけで損をする通貨が円」ということになってしまいました。かつて安全だった円での貯金は、1年で30％も価値が毀損《きそん》したのです。

ここで金融リテラシーのある人であれば、ドル建て資産の比率を高めるなどして資産全体のバランスを整え、リスクの分散ができるのです。金融教育は生きていくうえでとても大切な知識を授けるものですが、日本の学校では行われていません。教師がお金の話をするのをタブー視する雰囲気すらあるのです。

私は個人的に、「子ども証券」という授業を行っていました。疑似的に日米さまざまな企業の株主になり、本物のニュースや株価を追うというものです。ニュースにアンテナを張り、経済に対して興味を持つことが第一歩だと考えます。

51

子どもが自分たちを不利にしないための主権者教育

毎年4月、新しいクラス（中～高学年）で初めて社会科の授業をするときに、私は子どもたちにこんな質問をします。

「日本って、誰のもの？」

答えはさまざまで、「総理大臣」「天皇陛下」「俺」なんていう声も。日本は民主国家であり、国の主は読んで字のごとく「国民」。「俺」はある意味正解なのです。国民の一人ひとりが自分の考えに近い人を選挙で投票し、意思を政治に反映させていく。間接民主制というこのシステムをとっているのが、日本という民主国家なのです。

ところが今、とある二重苦が原因で、若者が圧倒的不利に陥っています。

まず、超高齢化社会という人口構成。「棺桶型」と揶揄《やゆ》される日本の人口ピラミッドは、極端に高齢者が多くて若者が少ない状態です。当然、投票人口そのものが少ない若者の意見は反映されづらくなります。

次に投票率です。日本では高い年齢層で投票率が高く、若い層では低くなっています。若者はもともと不利なのに、選挙に行かないがために余計に不利になってしまっています。当然政治家は、当選率を上げるために高齢者にウケのよい政策をアピールします。自然と、若者には不利な状況が生まれてしまうのです。子どもたちが将来きちんと選挙で投票することは、わが子の未来を明るくすることにつながります。

一緒にニュースを見たり新聞を読んだりすることで、現実の社会に触れさせましょう。社会で起こった事象を知り、そのことから自分の考えを持つようになることが第一歩です。ぜひ、ニュースを題材に家庭で対話をしてみてください。

52

「知らなかった」で済まさないための人権教育

ここ10年ほどで、一気に人々の「人権に対する意識」が高まったように感じます。これは不利な状況に不本意に追いやられる人がいることに対して「これはいけない」と声を上げられる社会になったのと同時に、それを侵す人を厳しく糾弾する社会にもなったということです。「世界はどんどん優しく、そして厳しくなっている」と感じます。

たとえば、最近のクレヨンや色鉛筆からは「はだいろ」がなくなったことにお気づきでしょうか。今は「ペールオレンジ」などになっています。「はだ」の色は人それぞれなのに、正しい肌色かのような固定観念を子どもに植え付けてしまいかねません。肌の色に関しては、人類史レベルで差別が問題となってきました。国際的には非常にデリケートなところですが、日本は民族の数が少ないこともあってこのあたりの感覚が薄い傾向はあります。

そんな背景のせいか、2021年に大手小売企業が発売した衣類に「はだいろ」という表記があったことが問題となりました。外国人Jリーガーに差別的発言をした高校生のツイートが、相手国まで巻き込んで国際問題へ発展したこともあります。もう「知らなかった」「そんなつもりではなかった」では済まされないのです。

一人ひとりが人権意識をしっかり持ち、そのための知識を蓄えなければ、思わぬところで取り返しのつかない失敗につながるかもしれません。ニュースや新聞などにアンテナを張り、子どもとの話題にすることが人権意識を持つことに有効に働くでしょう。

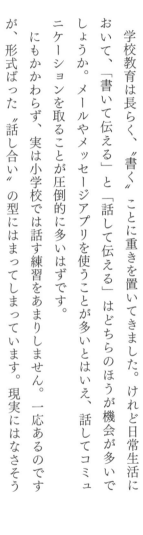

53

これから重要視されるのは「話す力」

学校教育は長らく、〝書く〟ことに重きを置いてきました。けれど日常生活において、「書いて伝える」と「話して伝える」はどちらのほうが機会が多いでしょうか。メールやメッセージアプリを使うことが多いとはいえ、話してコミュニケーションを取ることが圧倒的に多いはずです。

にもかかわらず、実は小学校では話す練習をあまりしません。一応あるのですが、形式ばった〝話し合い〟の型にはまってしまっています。現実にはなさそうな話し合いが、国語の教科書で見本として示されていたり、国語の話す・聞くテストに採用されていたり。

一度、お子さんに聞いてみてください。「国語の『話す・聞くテスト』ってどういうものなの？」と。信じられないくらいのゆっくりな速度で、実際そんな話し方しないよという内容の会話を子どもたちはリスニングしています。

これからの時代は、話す力が確実にものを言うようになってきます。たとえば入社試験には面接があります。ペーパーテストや履歴書、小論文などの〝書く〟行為は最低限のレベルを見定めるためのもので、最終的には話すことでその人の人となりを見定めるのです。

ここでの〝話す〟は、体裁の整えられた原稿を読むようなものではありません。理路整然と話すことができればベターですが、マストではないのです。それよりも、言語以外から表出する「表情」「声色」「ユーモア」「熱意」などが話す力となります。

書く力は、もちろん大切。けれど「書く」という表現の一段上に「話す」があり、それがものすごく重要なのです。ここの学習に、学校はなかなか取り組んできませんでした。

私は小学校の授業で「プレゼン学習」に取り組んでいて、研究主任として学校全体で研究を進めています。これまで、学習の出口やゴールはほとんどがペーパーテストでした。そこに、プレゼンで「話してアウトプットする」新たな形の出口をつくるのです。全学級の子どもが、人前で話すという形で授業参加します。

みなさんは、「TED《テッド》」という世界で最も有名なプレゼンイベントをご存じでしょうか。検索をすれば、さまざまな才能あふれる人々が話してアイデアをシェアする様子を見られると思います。私の学校でもこのスタイルを取り入れ、クラスで、ときには全校の前で、子どもたちがプレゼンをする場を設けています。

合奏や劇を体育館の舞台で発表することはあっても、〝テーマを持って話す〟経験がなかなかありませんよね。授業をこの設計にすることで、聞き手が存在するという「相手意識」と、非日常でスペシャルな「目的意識」が生まれ、そのことが学習への動機づけにもなります。大勢の前で話すとなれば、しっかり勉強をしたり、話す練習をする必然性が生まれますよね。日頃のペーパーテスト以上に、準備に身が入る子どもが多いものです。

私のクラスでは、全員が1年間で数えきれないぐらいプレゼンの場を経験しました。他府県の学校と「街の特色」をテーマとしたクイズを出し合ったり、海外の日本人学校と「各国のゴミ事情」について伝え合い、自分たちにできることを考えたり……。テレビや新聞の取材が入るプレッシャーの中、町の防災について伝えることもできました。

話す経験を積み重ねることは、話す自信へとつながります。このような経験はお金では買えません。受験や試験の面接の練習をいくらしても、あくまでも練習にすぎず、本物の話す体験にはかなわないと考えます。

よく、日本人はプレゼン下手と言われます。それは、これまでの学校教育が〝書く〟に特化しすぎていたことが一因である可能性があります。話す授業へとシフトしていくことで、学校教育に一石を投じたいと考えています。

54

声の時代の到来

今、「Voicy《ボイシー》」という音声配信メディアが注目を集めています。私も教員や保護者に向けてパーソナリティとして発信しているのですが、今後伸びていく分野だと考えています。話す力がフォーカスされる時代がやってくると感じているからです。

まず情報の受け手としてのメリットは、「スマホを見られない時間」の受け皿になります。手や目を取られない音声メディアなら、車の運転中でも、家事をし

ながらでも頭に入れることができる。私も通勤で運転しながら、教員仲間や他職種の人の話を聞いて、多くのことを学んでいます（運転には十分に注意してくださいね！）。

そして情報の出し手としてのメリットは、短時間でアウトプットできることです。たとえば5分話す内容を文章で書こうとしたら、10分では足りません。動画にしようとすれば、編集作業が必要となり多くの時間を要します。

私は毎朝収録していますが、5分話すだけ。音声だから可能なことであり、これを文字にすれば原稿用紙8枚分。とても朝の5分では書けません。

また、書かれた文章なら誰が打っても「おでん」は「おでん」であり、それ以下でもそれ以上にもなりません。ところが声なら、発する人の気持ちや抑揚などから、多種多様な要素が言葉に乗ってきます。前後の文脈ありきですが、乗せ方ひとつで聞き手の印象は大きく異なるのです。

メディアで多くの人に届けるわけではないとしても、日々話す言葉が相手の受け取る印象に直結するのは同じことです。パーソナリティではないとしても、話し方をよりよくできたら人生の大きなアドバンテージになるでしょう。

おすすめは、毎日「声の日記」をつけること。その日の振り返りをスマホのボイスメモなどで毎日録音します。3000文字の日記を毎日書くのは難しくても、同じ分量のことをしゃべれば5分で済みます。習慣化しやすいのは、断然後者です。

誰に聞かれるでもないのだから、多少噛んだって間があいたって大丈夫。私など多くのリスナーに聞かれるにもかかわらず、やらかしがあってもそのままオンエアします。それも味のひとつ。

この「声の日記」の強みは、聞き返したときに話し方をセルフチェックできることです。録音した自分の声って、「変な声！」と違和感や恥ずかしさを感じるものですが、最初だけです。毎日聞いていれば次第に慣れて、そのうち自分の「直したほうがいいな」と感じるような話し方の癖に気づきます。私の場合は、やたらと語尾に「～みたいな」とつけてしまうことがわかりました。

自分で話して、それを聞いてというサイクルを回していけば、いやでも話すスキルは高まっていくでしょう。

学校でも、マイクロソフトの「Ｆｌｉｐ《フリップ》」を使い、子どもたちが話して、録画して、チェックするという活動をしています。音読の宿題は、物語の場面ごとに自撮りで録画し、シェアします。人から見られる前提なので、相手意識も働きます。おすすめの本を紹介するPOPをつくる活動では、そこに書いた文章を音読し、録音したデータを2次元コードにしてPOPに埋め込みました。

これまで、みんなで一緒に読む活動はあっても、一人で読んで表現する活動はなかなか学校ではできませんでした。現在ではテクノロジーの助けを借りて、簡単にこのような活動ができるようになりました。

話は飛びますが、いっとき通信講座と言えばボールペン字でしたよね。あれに申し込む人の目的はきっと、「字がきれいだと信用されるから」ではないでしょうか。私もそう思い、大学生のときに始めてみたもののまったく長続きしませんでした。

考えてみると書き文字のきれいさで信用を稼ぐチャンスは、デジタル全盛の今あまり多くはありません。けれど声を聞かれる機会は、書き文字を人に見られる機会の100倍では済まないくらい多いのです。よかったら家庭でもお子さんの音読をスマホで録音し、実際に聞いてみてチェックするといったことをしてみてください。これだけでも、話す力は伸びます。

55

「振り返り」の重要性

　ここ10年、教育界では「振り返り」を大切にするというトレンドがあります。子どものノートを見てみると、下の方にふ⃝のような記号が書かれていませんか？それは、その授業もしくは単元全体を振り返って、学習内容を再度確認したり、自分がどう成長できたかという自己変容を確認しているのです。それらを受け、次はどんなことに取り組むべきかについての言及もあるかもしれません。

　これは「主体的に学ぶ力」を伸ばすという視点でとても大切なことです。振り

返りで言語化することにより、次に努力すべきことが明確になり、それが目標となっていきます。

私の下の子どもは現在保育園の年長でスイミングを習っているのですが、先日テストで惜しくも不合格になってしまいました。聞けば、「コーチに息継ぎのときにバタ足が止まってたと言われた。次はそれをがんばる」と幼いながら振り返りをしていました。課題を言語化することには、大きな意味があるのです。

アスリートの試合後のインタビューでも、語られるのは多くの場合振り返りです。2022年に開催されたサッカーワールドカップでも、意識して聞いてみると、それぞれの試合後に各選手はインタビューで課題や成果、そして次の試合や大会でどうしていくかということを言語化していることがわかると思います。

言語化は、主体的に学んで行動するための第一歩。ただ目の前の学習を消化するだけでなく、言語化で知識を自分のものにし、PDCAサイクルを回すようにしたいところです。ご家庭でも、お子さんの学習のあとに簡単に「どうだった？」「次はどうする？」と、振り返って言語化するきっかけづくりをしてみてください。

56

探求学習
――答えなき答えを探し求めて

教育の世界で注目されているワードに「探求」があります。これは、「詰め込み型」とは反対にあるもので、ただあるものを覚えるのではなく、まだ見ぬ答えを探し求めていく学習です。

具体的には、自ら問いを立てて「課題を解決する」「プロジェクトを立ち上げる」――このためにどんな方法があるかと考えていく学びです。アメリカのハイ・テック・ハイという学校が、そのような探求学習の発信地となっています。この学校の特徴は、「誰もが人種、性別、性的な意識、認知的能力にかかわらず、同じように価値ある人間だと感じられる社会の実現」を目指していること。バックボーンや能力に関係なく、すべての子どもが協働して探求的な学習に臨んでいるそうです。

日本でもこのような探求学習をしたいところなのですが、先述のとおり探求のための「総合」の時間は多くの小学校において形式的になっており、機能不全を起こしがちです。これは小学校だけの責任ではなく、そもそも日本の公教育が、そういった学びに必要な余白を設計に入れていないという背景があります。

ただ、なんらかの課題を解決するため・探求を行うために、たっぷり時間を取れるチャンスが一年に一度だけあります。それが、夏休みの自由研究です。

保護者のみなさんにとっては面倒な宿題のうちのひとつでしょうし、既製品のキットを組み立てた工作を持ってくる子もよくいます。「どう考えても親がほとんどやっているな」という作品もよく見ます。いずれも気持ちはわからなくもないのですが、本質からずれていてもったいないと感じています。ぜひ、子どもの探求心から何かを解決していくような自由研究に取り組めるようサポートしてあげてください。

その好例に、広島県の高校生である植松蒼《そう》さんが、「セミの成虫の寿命は1週間」という俗説を覆したプロジェクトがありました。植松さんはセミの羽根にペンでマーキングして放し、再び捕獲するというシンプルな方法で「最長生存確認はアブラゼミが32日間」という結果を世に公表したのです。彼にあったのは、「本当にセミの寿命は1週間なのだろうか」という純粋な探求心でした。

私が担任したクラスで、おもしろい自由研究を持ってきた子どもが2人いました。そしてこの2人は対照的だったので非常に印象に残っています。探求学習には「プロジェクト型学習」と「課題解決型学習」があるのですが、それぞれを見事に具現化してくれたのです。

A君は、「1/10サイズのガンダムを段ボールでつくる」というプロジェクトに取り組みました。縮尺や比率を計算して段ボールを組み合わせ、公式設定のガンダムの全高（18m）の1/10となる、1・8mもの大きさの作品が夏休み明けの教室に立っていたことは今でも忘れられません。わざわざ車で搬入してくれたお母さんにも感謝です！

一方のB君は、ペットボトルにちょっと切り込みを入れただけのものを「貯金箱」として持ってきました。作品カードに書かれていた工夫の説明には、「透明にすることで中身を見えるようにしました」。私は思わず爆笑しつつ、「いや何も工夫してへんのが工夫なんかい！」と突っ込んでいました。しかしB君はのちに野球強豪校のエースとして甲子園のマウンドに立ったほどの野球少年で、夏の間じゅう必死に野球をしていたのです。彼の課題は「自由研究などやっている暇はない」であり、それを解決したのが「1分でつくるペットボトル貯金箱」でした。このことに気づいたのはかなりあとになってからだったのですが、これ以上ない課題解決の成果物であったと感心しています。

探求学習をする原動力は、「これは本当にそうなんだろうか」という疑問や、「こんなことをしてみたい」という願い、「こんな問題を解決したい」という思いです。

そんなお子さんの純粋な気持ちをもとに、可能な限り必要な環境をつくってあげることが大人にできるサポートだと考えます。

COLUMN

4

子どもに期待する！ ピグマリオン効果とゴーレム効果

私が教師としてとくに心がけているのは、「期待していることを本人に伝える」ことです。誰しも、自分に期待をかけてくれる人に対しては、がんばろうという気持ちを持ちますよね。「君はできる！ 絶対にできる」と声をかけることで、その期待に応えようとモチベーションを上げてがんばれることを「ピグマリオン効果」と呼びます。

期待のかけ方のポイントは、他者との比較ではなく、その子自身の成長に焦点を当てること。昨日より１ミリでも成長していれば上出来と、個人内での基準で見るようにしましょう。

逆に、「どうせダメだと決めつける」をすれば、やる気をなくして当然です。絶対に使ってはいけないNG声かけのひとつは、「どうせ〜」という枕詞から始まるもの。これは一種の呪いのようなもので、子どもの心に負のエネルギーを注ぎ込む行為にほかなりません。期待をかけないことで本来の力すら発揮させないことを、「ゴーレム効果」と呼びます。

これらのことは、学校でも家庭でも同じです。

期待しているよと伝えることは、簡単なようでなかなかできないことでもあります。それでも意識して、親も教師も子どもに携わる人はみな、ピグマリオン効果を発揮できるアプローチを心がけたいですね。

5 時間目

令和の小学生に伝えたい「職業観」

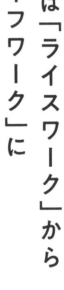

57

仕事は「ライスワーク」から「ライフワーク」に

「仕事観」とは、仕事の意義や目的などに対する考え方のことです。これから子どもたちは成長して何らかの仕事に就くわけですが、私たち親世代とはずいぶん違った環境で仕事を選ぶ（あるいはつくり出す）ことになるかもしれません。新しい時代の「仕事観」は、2つの軸でとらえることができます。

まず、ご飯を食べるためにお金を稼ぐことが目的の「ライスワーク」。もうひとつは、自分の人生を豊かにすることを目的とする「ライフワーク」。この2つの間はグラデーションになっていて、誰でも何らかの仕事観を持っています。

おそらく、「お金さえ稼げればどんな仕事でもいい」という人は少数派でしょう。たとえば、1日8時間、ただひたすら一人で座っているだけで高い給料がもらえるとしても、やりたいと思いますか？　初めの3日くらいはよくても、次第に気がめいってくるはずです。ヒトという生き物は長らく群れで行動してきたため、その一員として貢献できていないと感じると、本能的に居心地が悪くなるのかもしれません。そのために、多くの人はライスワークではなく、大なり小なりライフワークとしての働き方を求めているのではないでしょうか。


また、仕事観を「ジョブ」「キャリア」「コーリング」という3つの階層に分けることもできます。「ジョブ」はライスワークと同じで、お金がもらえればよいという仕事観。私の人生で言うと、高校時代に初めてやったガソリンスタンドのアルバイトがそれにあたります。とりあえずなんでもいいからお金がほしい、という気持ちで取り組んでいたためです。

「キャリア」は、自己実現や自己成長のための手段としての仕事観です。私の人生では、前職である回転寿司チェーンの店長をしていたときがそれにあたります。2店舗の店長を兼任し売上額が日本一になるなど、それなりの成果を残すことができました。けれど会社のミッションには心から賛同できておらず、お金をもらうこと、数字をたたき出して賞賛されること、見返してやりたいというエゴがその原動力でした。

そして「コーリング」。これはライフワークそのもので、自分の使命（＝ミッション）を達成するために働くという仕事観です。私は今、小学校教師としてこの仕事観で働くことができています（100％そうかと問われれば怪しいところもありますが……）。

そして仕事は「レンジ＝距離」という視点でも見ることができます。私の場合で言うと、近距離では毎日通う勤務校での仕事。クラスの子どもたちにとって楽しくて、力をつけられるような授業をデザインする。このことが心から大好きで、おもしろくてたまりません。また私が担当者として学校全体で推進している、ＩＣＴを活用した授業の実装にもやりがいを感じています。

なんとなく察していただけたかと思うのですが、仕事が趣味化しているのです。人生における多くの時間が、働く時間。その時間を趣味のように楽しめるのだとしたら、幸福度は大きく上がるのではないでしょうか。

遠くない未来において、お子さんがコーリングに近いような仕事観で働くことができれば、保護者の方もハッピーなはずです。そのために大切なことは、キャリアをスタートするまでにお子さんが未来において趣味と仕事を融合させられるような何かに出会ってもらうことです。そのためには、可能な限りたくさんの経験をさせてあげて、その可能性を上げることが必要だと考えます。

	ジョブ	キャリア	コーリング
目的	お金	自己実現、自己成長	使命の達成

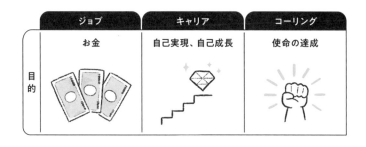

58

わが子を「未来で必要とされる人材」に

2022年5月、経済産業省から「未来人材ビジョン」が公表されました。さまざまな業界でグローバルに活躍する大企業の社長や役員たちが、「これから求められる人材像」について議論した末に導き出されたものなのだそうです。

それによると、これからの時代に必要となるスキルというのは、基礎能力や高度な専門知識を持っているだけではなく、多様性を受容し他者と協働する力といった根源的な意識や行動面にいたる能力とのこと。文部科学省の出している

「学習指導要領」の前文に書かれていることと、わりとかぶっているなあと感じました。すなわち、文部科学省が考える方向性とはさほど違っていないようです（実現可能性はさておきですが）。

さて、本題にいきましょう。下の資料をご覧ください。左が2015年に必要とされていたスキルで、右が今の小学生たちが30～40代になっている2050年に必要とされるであろうスキルです。ひと目見て、左右でダイナミックに違うことがわかると思います。

たとえば2015年に求められた「注意深さ・ミスがないこと」は、誰が見ても大切なことのようですが、今後はテクノロ

2015年	
注意深さ・ミスがないこと	1.14
責任感・まじめさ	1.13
信頼感・誠実さ	1.12
基本機能（読み、書き、計算、等）	1.11
スピード	1.10
柔軟性	1.10
社会常識・マナー	1.10
粘り強さ	1.09
基盤スキル※	1.09
意欲積極性	1.09

※基盤スキル：広く様々なことを、正確に、早くできるスキル

▶

2050年	
問題発見力	1.14
的確な予測	1.13
革新性※	1.12
的確な決定	1.11
情報収集	1.10
客観視	1.10
コンピュータスキル	1.10
言語スキル：口頭	1.09
科学・技術	1.09
柔軟性	1.09

※革新性：新たなモノ、サービス、方法等を作り出す能力

［注］ 各職種で求められるスキル・能力の需要度を表す係数は、56項目の平均が1.0、標準偏差が0.1になるように調整している。

［出典］2015年は労働政策研究・研修機構「職務構造に関する研究」、2050年は同研究に加えて、World Economic Forum"The futur of jobs report 2020", Hasan Bakhshi et all, "The future of skills": Employment in 2030"等を基に経済産業省が能力等の需要の伸びを統計。

ジーの発達によって〝絶対に〟必要とまではならなくなる予兆がすでにあります。スマホのカレンダーに予定を入れておけば自動的に通知をしてくれるといったことがその一例ですね。文明の利器が、人の不注意を大きくフォローしてくれる時代なのです。

そして2050年で必要とされる上位には、「問題発見力」があります。これまで人類は、「マンモスを素手で倒すのは大変すぎる」という問題を解決するために槍をつくり、「移動が大変すぎる」を解決するため車をつくり、「掃除機を使うのがめんどくさい」を解決するために自動ロボット掃除機をつくってきました。問題解決を連続的に繰り返してきた結果、問題そのものが今や枯渇しています。

問題はそのままビジネスチャンスとなり、企業は「問題」という原資をもとにして利益を生んできたわけです。世の中の問題が解決されつくした現代、そして未来において、問題は希少化します。だからこそ、問題発見能力は相対的に価値を帯びていくでしょう。

デジタル化、ＡＩのすさまじい進歩によって、未来予測はますます難しいものになりました。子どもたちがこれから生きるそんな予測不可能な未来のことを、

VUCA〔Volatility〔変動性〕、Uncertainty〔不確実性〕、Complexity〔複雑性〕、Ambiguity〔曖昧性〕の頭文字〕と呼びます。今必要と言われているスキルと、子どもたちが大人になったころ必要とされるスキルには、大きなギャップがあることに間違いはありません。そのことを、大人が認識しておく必要があるのです。

読み書き計算の基本が大切なのは、今も未来も同じです。ただ、その大切さの度合いが異なってくるのです。時間は有限。昔と同じように何度も何度も同じ漢字の書き取りをしたり、計算問題を延々と解くことはもちろん大事。ただ時間の配分をシフトさせ、重要性を増していくコンピュータースキルや言語スキルを高めるほうに時間を割くことが求められそうです。

ただし、反対の見方をすることもまた大切です。子どもたちが今生きているこの時代ではまだまだ、注意深さや責任感といったスキルが非常に重要です。未来志向になりすぎて、これらの今必要なスキルをないがしろにすることもまた、あってはいけないのです。

現代と未来、両方に必要なスキルを、バランスよく育てることが大切だと考えています。

59

職業体験テーマパークで感じた変化

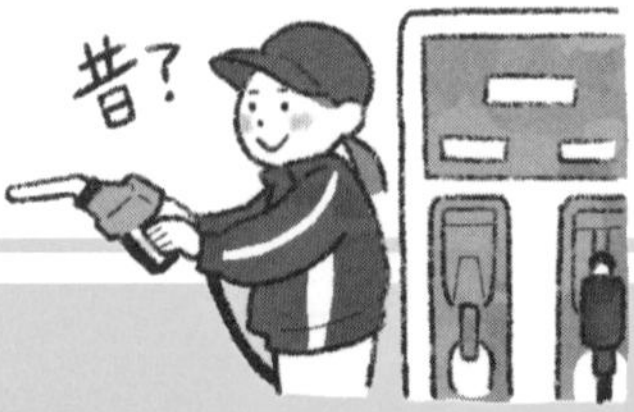

子どもがいろいろな仕事を体験できるテーマパークが人気です。さまざまな企業がブースを出しており、子どもが楽しみながら職業体験できる人気スポットです。私も大好きで、自分の子どもを連れて行ったり、校外学習で小学生を引率したりと何度も足を運んでいる場所です。

でも、ちょっとした違和感があることも事実です。たとえばガソリンスタンドで給油をする仕事がありますが、実際には多くの場所ですでにセルフになっていますよね。四半世紀前であればすべて有人のサービスでしたが、誰でも給油ができる仕組みができあがるとともに、その仕事はなくなっていきました。

ほかのブースでも同様のことが起こっているので、もう少しするとテーマパークが「昔のお仕事博物館」になってしまうかもしれません。

ちなみにあるファミリーレストランでは最近、ロボットが料理を運んでいます。テクノロジーの進化とコストダウンにより、比較的簡単にできる仕事は人から機械へとシフトしています。「簡単な作業に愚直に取り組む」領域においては、人に残された仕事がますます減っていくでしょう。


職業体験のテーマパークに話を戻すと、とある食品メーカーのパビリオンはひと味違いました。「牛乳を使ったレシピ開発」というのが、子どもたちの職業体験の内容だったのです。これは機械にはできない仕事ですよね。各企業の担当者も、世の流れと今まであった仕事とのギャップを感じているのでしょう。今後、体験できる内容は「誰でもできる作業」から「知的生産的な仕事」へと変わっていくのかもしれません。

60

子どもたちが出会う、新たに生まれる仕事

今後なくなる仕事もあれば、新たに生まれる仕事もあります。キャシー・デビッドソン氏（ニューヨーク市立大学教授）の「2011年度にアメリカの小学校に入学した子どもたちの65％は、大学を卒業後に『今は存在していない職業』に就くだろう」という予想が、教育界ではとても有名です。
過去、馬車の仕事がなくなって自動車の仕事が生まれたように、アナログからデジタル、現実世界から仮想世界と仕組みのゲームチェンジが起こることで、新

たな仕事が生まれてくるのは明らかです。

実際に、コンピューターゲームによる「eスポーツ」という競技ができ、「eスポーツプレイヤー」という仕事が生まれていますよね。なかには優勝賞金3億円といった大会もあり、もはや野球やサッカーなどのプロスポーツと変わらぬ価値を持っているのです。ゲームをプレーすることでお金を得るなど、30年前には誰も信じなかったのではないでしょうか。価値の変化は加速度的に起きています。

eスポーツのプレイヤーがいるなら、その活動に必要な施設のスタッフなど連鎖的に新たな仕事が生まれます。

『大人は知らない　今ない仕事図鑑100』（講談社）という本には、おもしろそうな仕事がたくさん出てきます。人類の活動範囲が宇宙へ広がるという変化を受け、「スペースデブリ（宇宙ゴミ）そうじ屋」「月旅行ガイド」など……。「メイクアップデータアーティスト」「VRスポーツスクール経営」といった、メタバース関連の仕事も載っています。

これらの仕事が個別にすべて現実のものになるのかはさておき、現時点では想像もできないような仕事に就く子どもがたくさんいることは間違いありません。

61

仕事のパラレルキャリア化

――終身雇用はなくなる!?

2019年、トヨタ自動車の豊田章男社長が「これから終身雇用は難しくなっていくだろう」といった趣旨の発言をして話題になりました。「終身雇用」と「年功序列」は、日本で長く続いた労働観ですが、グローバル視点で見ればすでに瓦解し始めています。

終身雇用と年功序列を支える給与システムは、経済成長を前提としていることが多く、企業が成長して利益が右肩上がりを続けない限り、このシステムは続けられません。残念ながら日本の経済は、バブル期以降「失われた30年」と呼ばれ、成長をすることができませんでした。

では今後どうなるのか。台頭するのは「パラレルキャリア」という職業観ではないかと思います。パラレルというのは「複数」を意味します。複数のビジネスパートナーを持ち、複数の収入源を持つことがより一般的になっていくでしょう。

「副業」と「複業」は、大きく異なります。副業は利益を得ることが目的で、本業とは関係がありません。一方で複業は、本業と強く関わり合います。そしてそもそもの目的が利益を得ることだけではなく、自己成長や自己実現が目的になってきます。事実、私は現在小学校の教員（公務員）ですが、パラレルキャリアに移行していきます。

いい大学に入っていい会社に勤めてほしいという昭和的な価値観って、なんだかんだ今でもあると思うんです。でも、そういったレールに乗ったもん勝ちの時代はほぼ終わりました。もしその価値観で、お子さんにそういったレールを敷こうとしているのなら、それは時代錯誤だと言わざるをえません。

62

得意か好きか、自分の「ミッション」を持とう

以前、『「学校現場」を大きく変えろ！　MISSION DRIVEN』（主婦と生活社）という本を書きました。そこで読者である学校の先生に提案したのは、「自分のミッションにドライブされる生き方」です。

「ミッション」とは、自分がこの世界で何を成し遂げたいかという看板です。大げさに聞こえるかもしれませんが、シンプルに自分にとっての「好き」をコアに持つことが大切だという話です。

将来の仕事へとつながることの多い「得意なこと」「好きなこと」は、よく並列の関係で語られます。子どもに「好きなことや得意なことを仕事にしてほしい」と願う保護者の方も多いでしょう。けれどこの2つは性質が異なるのです。「得意なこと」で言うと、職業にはしやすいけれど、人生の幸福度にはそこまで直結しません。たとえば私は寿司チェーン店でバイトをしていたので、いなり寿司をつくるのがめちゃくちゃ得意です。自分と油揚げのコンディションさえよければ、2秒にひとつはつくれます。街ゆく100人の人と勝負をしたら、全勝する自信もあります。しかしこれほど得意でも、朝から晩までいなり寿司をつくる生活が幸せと感じるかというと、私はそうではありません。得意と幸福度の相関は薄いのです（もちろんそうではない人もいると思います）。

対して、「好き」を職業にするとどうでしょうか。さかなクンさんは心から魚が好きで好きでたまらなくて、そこから仕事を広げていってついに大学で授業をするまでになっています。テレビでいつ見ても、魚のことを話しているときのさかなクンさんは幸せそうですよね。予測不可能な未来を生きるこどもたちにとって、これから求められるのは「自分の好き」を持つことなのではないでしょうか。

63

これからは「信用社会」へ

――SNSは大きな武器になる

私は、教師の仕事自体はもちろんですが、SNSをきっかけとして自分のキャリアを形成してきた一面もあります。

最近の大学生は、就職活動を始める前に自分のSNSのアカウント名を匿名にして採用担当者に見られないようにする（黒歴史を消しておく）という話をよく聞きます。たしかにやんちゃすぎる内容であれば、社会人になるにあたって消しておくのが無難かもしれません。

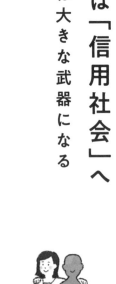

けれど、ポジティブな発信をし続け、他者の共感と協力を得ながら何かを成し遂げていった足跡であれば、自分の価値を大きくプラスの方向へ持っていってくれることも多いものです。今、私がこの本を執筆しているのも、私のツイッターの投稿を見た編集者の方が、オファーをくださったから。ツイッターの発信で、信用を積み上げてきたからにほかなりません。フォロワー数の多さは一要素でしかありませんが、信用度を可視化した数値にもなりえます。

具体的な話をすると、私はフェイスブックを重要視しています。きっかけはツイッターやインスタグラムであっても、最終的なやりとりは実名のフェイスブックを介することがほとんどだからです。

ＳＮＳは使いようで大きくプラスにも、マイナスにも影響をおよぼします。どうせならポジティブな発信で信用を獲得していくべきです。もちろん、失敗をしないようにと声をかけ、釘を刺すことも大切です。しかし、ただただ危険な存在だというイメージを植え付けることも、また違うと思います。うまく使えば人生をよりよい方向へとドライブしてくれるのですから。そんなプラスとマイナスの両面をお子様に伝えることが大切だと思います。

COLUMN

5

保護者と教師のオンラインサロン「EDUBASE」

88ページに出てきたグローバルティーチャーの正頭英和先生と、教員や保護者向けのオンラインサロンを2023年2月から始めました。サロン名は、「EDUBASE—子どもの未来を考える秘密基地—」(月額980円/2023年2月スタート予定)。

会員は今の私たちにとって最もホットな教育関連の配信記事を読めたり、定期的なオンライントークイベントに参加することができます。正頭先生が話すのは、さまざまな企業と連携したビッグプロジェクトについての裏話。私は現場のいちプレイヤーとして、目の前の具体的な事例やその先の未来の教育ビジョンおよびアイデアについてお話ししています。

このサロンでは、会員同士の横のつながりも大切にしたいと考えています。

たとえば、同じ学年同士の会員でともに教材研究をしたり、教員と保護者とで子育てについて話し合ったり、同じ地域の人でリアルに集まったり。

「保護者と教師」と聞くと構えてしまうかもしれませんが、極めてゆるい集まりです。お気軽に、「EDUBASEクルー」になってみませんか? おもしろい話が聞けたり、おもしろいつながりをつくったりすることができるかもしれません。

課外授業

気になる通知表のはなし

64

今も昔も影響力を持つ「通知表」

子どものころ、学期末のたびに渡されていた「通知表」。みなさんはどんな感情とともに思い出すでしょうか。家に持ち帰って親に見せるときのドキドキ感。「がんばったね」「次はここをがんばろう」などと声をかけられて、長い休みに入っていくあの儀式めいた時間。今も昔も、この風景は変わっていません。

さて、この通知表がどのような仕組みでつけられているのかご存じですか？ブラックボックスのように「謎」「不明瞭」と感じている方もいるのではないで

しょうか。実際のところは、一定の評価方法や評価基準にのっとってつけられているものなのです。

評価方法は大きく2つ。

ひとつめは、ペーパーテストによる評価。小学校では多くの場合、カラーA3裏表の、業者作成による単元ごとのテストが採用されています。

2つめは、パフォーマンス評価。たとえば国語や社会での作文、レポート、プレゼンに対する評価です。体育や音楽では、実技課題もこちらで評価します。近年では、パフォーマンス評価の比率を上げることがすすめられています。ペーパーテストだけでは、学習成果を適切に評価することが難しいからです。

ひとつ知っていてほしいのは、通知表はあくまでも限定的な評価の結果にすぎないということ。毎学期通知表に記入をしている立場としても、そのことを強く感じます。通知表の記載内容の良し悪しで、子どもたちも保護者のみなさんも一喜一憂しないでほしいなあと願うところです。とはいえ大きな影響力を持っているのも事実なのですが、その仕組みを理解することで通知表の見方や子どもへの声かけが変わるかもしれません。

65

「全員がオール5」もありうるのが絶対評価

通知表を開いて最初に見るところは、どこですか？　やはり、教科欄の数字やマークではないでしょうか。

小学校では、3段階および5段階の数字で評価が表されることが多く、これを「評定」と呼びます。全国的に主流なのは、低学年では評定なし、中学年では3段階評価、高学年では5段階評価というもの（自治体によります）。

昔との大きな違いは、ほぼすべての自治体で「相対評価」から「絶対評価」にシフトしたことです。相対評価では、１００人の子どもがいたら「5が10人、4が20人、3が70人、2が20人、1が10人」と決められた割合に応じた人数の子どもを割り振ります。

一方で絶対評価というのは、理論上「１００人全員が5」もありうる評価システムです。なぜなら、指導者が設定した基準に対して、それぞれの子がどれだけ達成しているかを見て評価するから。基準を全員達成していれば、全員5にだってできるのです。現実的になかなかそういうことはありませんが……。

私個人の考えとしては、相対であろうと絶対であろうと、評定自体を廃止してもよいと考えています。この数字には妙に権威性があり、それがゆえに目標としてがんばれる子もいることはたしかですが、心をえぐられてよい効果をもたらされない子もいるからです。保護者のみなさんにとっても必要以上に気を取られるような、心の負担になるようなものをわざわざつくる必要があるのでしょうか。

実はこの通知表、文部科学省は作成を義務づけていません。つまり学校独自の取り組みなのです。学校裁量でどうとでもできるものであればこそ、よりよい評価の形へと変えられることを願っています。

66

子どもに対する評価の基準は「3観点」

2022年度以降の通知表では、すべての教科において以下の3つの観点から評価がされることが多くなっています。

①知識・技能
②思考・判断・表現
③主体的に学ぶ態度

これらを、たとえば

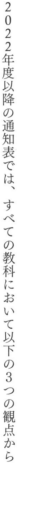

◎…とてもできています
○…できています
△…がんばりましょう

という3段階で評価する形が一般的です（A、B、Cで表すなど自治体によって異なります）。

社会科の地理の学習を例に、この3観点について解説します。

①知識・技能

その教科で習う知識や技能が、どれだけ身についているかを評価します。たとえば47都道府県の名前や位置、名産品がわかるのが知識。地図を読み、方角や縮尺などから2地点の距離や方位を測定できるのは技能にあたります。

②思考・判断・表現

学習によって獲得した①の知識・技能を使って、自分で表現できるかどうかを評価します。資料を使って疑問点を調べ、説明する力があるかどうかなど。たとえば、「銚子漁港の水揚量が日本一である」という資料を読んだら、「なぜ銚子が一番なのだろう？」という問いを持って自分で調べ、「黒潮・親潮・大陸棚といった用語を使って説明できる」力があれば◎です。

③主体的に学ぶ態度

この評価は指導者として最も難しく、また保護者から見てわかりにくいところだと感じています。「粘り強く学習に取り組める」「自らの学習を調整する」という2つの軸があり、両方の側面で評価します。

前者は字のごとく、粘り強く学ぼうとする子どもの姿勢を評価します。そのうえで、後者の「自分で学習計画を立て、苦手に応じて自ら学習し、その学びを振り返って自己調整」できているかを加味します。自分の苦手なところを自覚して、ドリルでそこを集中的に学習するようなイメージです。

また、自分の興味や関心に沿って、学びを広げたり深めたりしているかも評価に入ります。たとえば、教科書で出てきた坂本龍馬をきっかけに、教科書に載っていない高杉晋作についても調べて深めたといった例がそれにあたります。

これらは、国立教育政策研究所が教員向けに発行している『学習評価の在り方ハンドブック』から引用したものです。先述の2軸の両方を満たしていれば◎というイメージです。

今は、昔のようにただ受け身の姿勢で学習しているのではダメだということです。

ただ、学校にしても、子どもに「学習の自己調整」の裁量を渡せているかというと、そうではないケースがまだまだ多いという問題があります。文部科学省の掲げる理想と、現実の学校の実態とのギャップです。ここを埋めるのは、われわれ現場のプレイヤーだと心しています。

「主体的に学習に取り組む態度」の評価のイメージ

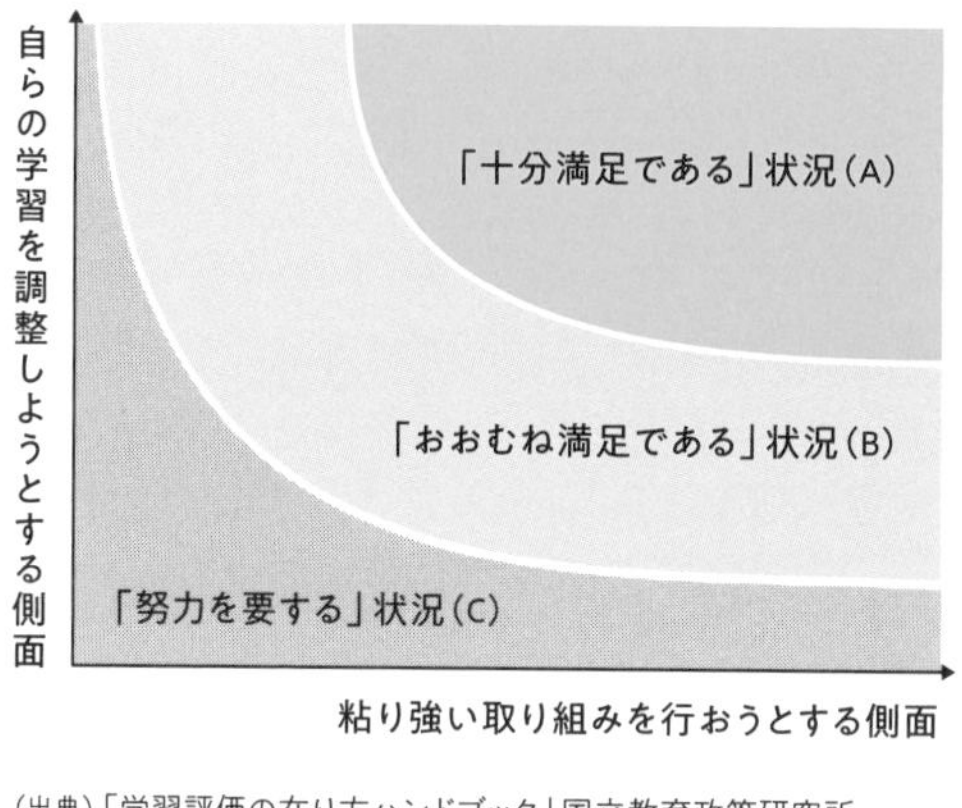

(出典)「学習評価の在り方ハンドブック」国立教育政策研究所

67

◎や△ってどうやってつけている？

では、具体的にどのように評価をつけているのか見てみましょう。各教科、各単元ごとに評価基準があります。

たとえば算数の「面積」の単元。現状で一番重きを置かれるのは、ペーパーテストです。子どもが持ち帰るテストを見れば、表が１００点満点で「知識・技能」と表記されているのがわかると思います。裏面は50点満点で「思考・判断・表現」と表記されているパターンがほとんど。

「知識・技能」は95点以上で◎、80点以上で○、それ以下は△。

「思考・判断・表現」は50点満点＋パフォーマンス課題の合計が95点以上で◎、80点以上で○、それ以下は△（基準は学校によって異なります）。

パフォーマンス課題に関しては、以前、子どもたちに複雑な形の図形を自作して、その面積を求める方法を解説する課題に取り組んでもらったことがあります。3つ以上の四角形を組み合わせたような複雑な図形をつくって、正しく解説できていれば50点。2つの四角形を組み合わせた場合は40点といった配点イメージで、私は評価基準をつくっています。

ただ、ペーパーテストには欠陥があります。たとえば、ひとつ間違えると次の問題にも影響してどれも不正解となってしまうような選択問題。うっかり間違いで実際は◎の子が△になってしまうようなことも起こりえます。もちろん逆に、△の実力の子が適当に答えてラッキーな正解を取り、◎になることも。

「当てもん」感覚のテストで、子どもを正しく評価することはなかなかできないのです。

68

5段階評価はこうしてつけている！

学年によりますが、たとえば算数なら1学期で5〜8の単元があります。それぞれについて、前述した3観点での点数を平均して、最終的な評定（◎○△）を算出します（資料参照）。

評定は◎○△がポイント化されて、合計された点数により決まります。◎は3ポイント、○は2ポイント、△は1ポイント。5段階評価（高学年）で「8ポイント以上なら4」と学校が基準を定めている場合、「◎◎○は4」「◎◎◎は5」

といった具合です。

3段階評価（中学年）は比較的マイルドな基準になり、「◎◎○」「◎◎◎」の両方で最高ランクの「3」がつくイメージです。

ただ、先述のとおりほんの少しの差で大きく評定が変わってしまううえに、評価自体の妥当性が怪しいというか……そもそも評価のしようがないシーンも多々あります。個人的には、前述したように「評定」というシステム自体がナンセンスだなあと強く感じるのです。

よい成績を取れた子はまだしも、1や2といった評価は子どもへのよくないレッテル貼りになります。もっと言ってしまえば、呪いのような存在になりうるのではないでしょうか。多くの場合、1がつくのはその子の努力不足だけが問題ではない場合も多いので、できればつけたくないのが本音です。

評価の例

2学期算数			
単元名	知識・技能	思考・判断・表現	主体的に学習に取り組む態度
割合	95	95	95
分数	90	100	100
少数	80	85	95
速さ	90	95	100
単位量	90	95	100
平均	90	95	98
評価	○	◎	◎
評定	4		

69

「所見での評定」のひみつ

教科によっては、数字やマークではなく指導者の言葉で評価されるものもあります。道徳（全学年）、外国語活動（3・4年）、総合的な学習の時間（3〜6年）がそれにあたります。

とはいえ、極めて形式的な型にのっとって書かれていることが多いため、形だけのものになりがちだったりします。

だいたい、「道徳」とは心の中のことですよね。それを教師が評価しようだなんて、おこがましいというか、不可能なのではないでしょうか。なんでもかんでも評価するのは、学校の悪い癖だと感じています。

教科とは別に、「一般所見」は教室での学習面や生活面について評価をするのが一般的です。多くの場合100～200文字程度ですが、この文字量で子どものがんばりを評価するのは難しいこと。そしてマイナス面を書くことはめったにありませんから、結果としてよそよそしいおりこう文体になりがちです。

ちなみに学期末のこの「所見書き」という仕事は、教員にとって最もヘビーな仕事のひとつです。学校によりけりですが、管理職（校長や教頭）の直しを何度も何度も受けて、赤ペンや付せんだらけになった所見一覧の下書きが、職員室のデスクに置かれているのはもはや学期末の風物詩。おそらく保護者のみなさんはそう何度も読み返すことなくサッと目を通す程度のことが多いであろう、この所見。職員室で教師が涙を流しながら書かれたものかもしれません……。

それほど重い存在になっている所見ですが、最近では教員の「働き方改革」の流れを受け、廃止したり保護者懇談に替えるというケースも増えています。

70

オール4より長所を伸ばして「突出した5」を目指す

これまでたくさんの保護者のみなさんと、懇談などの場で通知表について話をしてきました。多くの方が、お子さんに「バランスのよい成績」を取ってほしいと願っているのを感じます。

ところが、将来仕事に就いたときに、力を発揮するのは「4」のものではない可能性が高いです。やはり「5」のものにこそ価値があると考えたほうがよいでしょう。

子どものときに苦手だったことを職業にしている人は少ないと思います。足の遅い子が短距離選手にはならないし、絵を描くのが苦手な子がデザイナーになることはほぼありません。

すなわち、「苦手を克服してバランスよく」するよりも、「突出した5をつくる」アプローチのほうが大切だと考えています。そうやって尖らせた長所は、未来を切り開く頼りがいのある武器になってくれるはずです。

よくたとえ話に使うのですが、百獣の王であるライオンはサバンナで「5の力」を持ちます。ただ、走るスピードはいまいちです。チーターは「5のスピード」を誇りますが、力ではいまいちです。もしライオンとチーターがそれぞれの短所を克服するためにエネルギーを使うと、強みのほうは薄まって「4」に落ちてしまいます。すると、もうサバンナでは生きていけません。

力とスピードが両立不可能なこの状態、何かを得れば何かを失うという関係を、「トレードオフ」と呼びます。子どもの学力も同じで、まんべんなく4を取ろうとするよりも、突出した5を取りに行きましょう。それは未来のサバンナにおける生存戦略として、賢い選択だと思います。

おわりに

最後に、教員という立場を離れ、一人の親として書かせていただきます。昔話を交えながら、「時間」について一緒に考えてみたいのです。最後までお付き合いいただければ幸いです。

私は高校2年生の大みそかの夜にバイク事故を起こし頭蓋骨骨折等の重傷を負いました。脳外科の先生から「手術が成功するとは限りません」と告げられたことは、人生で最も印象に残っているシーンのひとつです。何時間もかかる大手術のあと、麻酔が切れておぼろげに天井の石膏ボードが見えたとき、「あ、生きてるんか……」と、そう感じました。高校生だった自分には、守るものも誇れるものも何もなかったので、「神様ありがとう」のような感情はなかったように思います。ただ、これまで何度も耳にした「人生は一度きり」という言葉は真実らしいと気づきました。それなりに自分の人生（＝時間）の価値について考え、現在進行形で今ももがき続けているわけです。

がんで闘病された人の中には、病気になったことに対して「よい経験だった」とプラスのとらえ方をする方も多くいらっしゃるそうです。それは、〝命の有限性〟に気づくことができたからなのだとか。

電線に止まったカラスも、路地裏の子猫も、町ゆく人も、この本を手に取ってくださった方も、そのお子さんも、みんないつかは命を終えていきます。神様の采配か自然の摂理か、それぞれにリミットが設定されていて、抗いようのない一方通行のレールをそれぞれがひた走っているわけです。わかっているのは、未来のどこかでそのレールが途切れているということだけ。

私は一度そのレールが途切れかけましたが、なんとか下に落ちずにぎりぎりでレールに戻ることができました。とはいえ、原稿を書きながら大阪行きの飛行機に乗っている今このときだって、エンジントラブルでも起これればレールは突然に途切れるのです。

そう考えると、レールの上にいる「今」がとてもとても価値のあるものだと感じます。タイムマシーンはありません。10年後も20年後もできていないでしょう。私たちは高い確率で過去に戻ることはできないのです。

では、未来はどうでしょう。未来は、ある意味無限に存在しています。多くの人が明日も明後日も当然のように来ると思うものだし、1カ月後にも1年後にも10年後にも、希少価値を感じることはあまりないのではないでしょうか。

対して「今」は、この一瞬しかありません。私の「今」、パソコンのキーボードをたたいているこの瞬間は、どんどん後ろに過ぎ去っています。

保護者のみなさんにお伝えしたいのは、そんな「今」を大切にしようということです。わが子の「今」と出会えるのは、この一瞬一瞬の連続の中だけなのですから。

私の上の子は思春期に入りかけている年ごろで、抱っこをすることはもうありません。下の子は今でこそ「パパおんぶ、だっこ、肩車！」とたくさん甘えてくれますが、それは今だからであり、もう少しすればそれもなくなるでしょう。正直、とんでもなく寂しい思いです。

子どもとの関わりは、良いときもあれば悪いときもあります。イライラすることだってたくさんあります。けれど、この希少な「今」の子どもと向き合えるのは今だけ。子どもの未来を考えることも大切ですが、この本を書いていて改めて今の子どもとの瞬間を大切にしたいと、そう感じるようになりました。

お風呂で一緒に覚えたひらがな。もう寝たいのに何度も読んでとせがまれた絵本。急な発熱で駆け込んだ救急病院。そんな一瞬一瞬の積み重ねが、わが子との大切な思い出であり、幸せなのです。

本編ではいろいろな話をしてきましたが、「わが子との今を大切にする」という、とてもシンプルな答えにたどり着いてしまいました。それが何よりも、自分と愛するわが子の財産となると思うのです。

この本を保護者のみなさんに、子どもとの「今」の時間を少しでも多く過ごすための虎の巻のように使っていただけたら、とてもうれしく思います。

2023年1月　　坂本良晶

索引

参考文献

『マンガでわかる　けテぶれ学習法』葛原祥太　著（ＫＡＤＯＫＡＷＡ）
『「探究」する学びをつくる：社会とつながるプロジェクト型学習』藤原さと　著（平凡社）
『新時代の話す力　君の声を自分らしく生きる武器にする』緒方憲太郎　著（ダイヤモンド社）
『すべての子どもに「話す力」を
――１人ひとりの未来をひらく「イイタイコト」の見つけ方』竹内明日香　著（英治出版）
『日本再興戦略』落合陽一　著（幻冬舎）
『革命のファンファーレ　現代のお金と広告』西野亮廣　著（幻冬舎）
『世界トップティーチャーが教える　子どもの未来が変わる英語の教科書』正頭英和　著（講談社）
『「自分だけの答え」が見つかる　13歳からのアート思考』末永幸歩　著（ダイヤモンド社）
『子どもと性の話、はじめませんか？
からだ・性・防犯・ネットリテラシーの「伝え方」』宮原由紀　著／高橋幸子　監修（ＣＣＣメディアハウス）
『世界2・0　メタバースの歩き方と創り方』佐藤航陽　著（幻冬舎）
『大人は知らない　今ない仕事図鑑100』上村彰子　著（講談社）

坂本良晶（さかもと・よしあき）

東証一部上場企業の飲食チェーンで売上日本一の店長というキャリアから、教員免許取得・教員採用試験を経て小学校教員へ。勤務校では研究主任やICT主任を務め、学校外ではマイクロソフト認定教育イノベーターとしてICTを活用した授業デザインや働き方等についてSNSで幅広く発信し、テレビ新聞等のメディアにも取り上げられる。教育関係のイベントにも数多く登壇。著書に『さる先生の「全部やろうはバカやろう」』（学陽書房）などがある。
Twitter：@saruesteacher

親子《おやこ》で知《し》りたい 小学校最強《しょうがっこうさいきょう》ライフハック70

2023年2月8日 初版発行
2023年4月10日 再版発行

著　者　坂本良晶《さかもとよしあき》
発行者　山下直久
発　行　株式会社KADOKAWA
〒102-8177　東京都千代田区富士見2-13-3
電話　0570-002-301（ナビダイヤル）
印刷所　凸版印刷株式会社

- お問い合わせ
  https://www.kadokawa.co.jp/（「お問い合わせ」へお進みください）
  ※内容によっては、お答えできない場合があります。
  ※サポートは日本国内のみとさせていただきます。
  ※Japanese text only

定価はカバーに表示してあります。

ISBN978-4-04-606124-9　C0037